早池峰岳神楽の継承と伝播

中嶋奈津子　著

佛教大学研究叢書

思文閣出版

口絵１　早池峰山（佐々木秀勝氏撮影、以下同）

口絵２　早池峰山山開き「権現舞」

口絵３　岳神楽「天女の舞」

口絵４　岳神楽「山の神舞」

早池峰岳神楽の継承と伝播※目　次

早池峰岳神楽の継承と伝播

序章　本書の研究目的と構成

岩手県には幾種類もの民俗芸能が信仰とともに地域に根付き、時の流れのなかで少しずつ様相を変えながらも現存している。平成二十一～二十二年（二〇〇九～二〇一〇）に実施された岩手県民俗芸能伝承調査報告書によれば、民俗芸能を継承する団体数は一一二六団体を数え、特に「神楽」と分類されるものは最も数が多く、四〇一団体にものぼることが報告されている。(1)

これらの神楽は、山伏神楽・大乗《だいじょう》神楽・社風《みやぶり》神楽・科白《せりふ》神楽・太《だい》神楽その他と分類されている。(2)このうち山伏神楽は総数二〇一団体であり、そのなかでも広い分布を見せているのが早池峰神楽の流れを汲む神楽である。

早池峰神楽とは、北上高地の主峰早池峰山麓にある二つの集落に伝承される早池峰岳《たけ》神楽（以下、岳神楽）と早池峰大償《おおつぐない》神楽（以下、大償神楽）の総称である。それぞれには、文禄四年（一五九五）銘の獅子頭権現と、長享二年（一四八八）の「神楽秘伝書」が保存されていることから、神楽成立より五百年以上の年月を経て伝承されていることがわかっている。(3)この二つの神楽が廻村巡業をして地域と関わりをもったことで、その流れを汲む神楽が県内各地に伝えられた。

『北上民俗芸能総覧』によれば、

江戸時代に伝承された芸能は、岳神楽の流れを汲むものとして二十一団体、また大償神楽のうち田中系が三団体、斎部流野口家流式が六団体確認されている。これに明治以降に伝承された芸能を加え、さらに「幕神楽」を演ずることができないが「権現舞」のみの芸能を加えると、百団体をはるかに超えるものと思われる。

と報告されている。[4]その伝播は早池峰山麓の地域をはじめ、旧花巻市・旧遠野市・旧北上市・旧江刺市と広範囲であり、現在も多くの神楽が活動している。[5]

早池峰神楽はこれまで、師弟関係により伝播したことが県内各地の神楽に伝えられていることから、一般的には早池峰神楽の流れを汲む神楽は一様に「弟子神楽」と捉えられている。この師弟関係ついては、古いものでは宝暦年間（一七五一〜六四）の「奥付書」（あるいは「神楽伝授書」）という師弟関係を明記した伝書が残されていて、[6]相互の師弟関係を明確にしているのが、この神楽群の大きな特徴である。

しかしながら「弟子神楽」と呼ばれるこれらの神楽の詳細については、現時点では限られた事例報告にとどまり十分な調査がなされておらず、正確には把握されていない。また、「百を越す」といわれる芸能集団でありながら、これまで「なぜ広範囲に」、「どのように伝播したのか」、また「なぜ神楽を維持できたのか」については、いまだに解明されていないのである。

筆者は、多くの民俗芸能が消滅してゆくなか、なぜ早池峰神楽は近世期以来、広く伝播し神楽を維持できたのか、しかも師弟関係を強調して伝授されているのかに疑問をもった。というのも、多くの民俗芸能は、たとえ近隣地域に酷似する芸能があったとしても、本来は師弟関係があるに違いないのに、それを伝えず個別であることを強く意識している。とりわけ神楽のような民俗芸能においては、門外不出であることが強調されて、外へは伝承されにくいと言われているからである。

そこでこの疑問を解明するために、岳神楽と、その流れを汲む神楽（以下、本書では適宜早池峰岳系神楽と称す）の師弟関係に着目し、[7]この神楽群を一つの組織として捉えることを試みた。そして岳神楽組織の師弟構造と、その機能がいかなるものであったのか、さらに岳神楽の継承と伝播がどのような形でなされてきたのかについて、神楽が伝承されてきた時代背景を踏まえながら解き明かすことを、本書の課題とした。

研究の手法は、現地での聞き取り調査と史料による裏づけを中心に以下の手順でおこなう。

まず岳神楽の系譜と弟子神楽の現状について、聞き取り調査と史料から得た情報を中心に整理する。上述したように、弟子神楽の詳細については、現時点では限られた事例報告のみであり、これまで十分な調査がなされていないために、最初に各神楽の情報の収集が必要である。そこで筆者は平成十九〜二十三年（二〇〇七〜一一）にかけて個々の早池峰岳系神楽に対して、①伝承由来、②これまでの経過、③現状についての確認、④岳神楽との師弟関係、⑤各神楽に保存されている資料の確認などの聞き取り調査を実施するとともに、『岩手県の民俗芸能――岩手県民俗芸能緊急調査報告書――』（一九九七年）および『岩手県の民俗芸能――岩手県民俗芸能伝承調査報告書――』（二〇一一年）や先行研究を手がかりとして、神楽の系譜と弟子神楽の現状についての確認作業をおこなった。さらに、各地域における神楽の継承と伝播の形態を調査し明らかにした上で、それを比較検討した。具体的には、「いつ」「どこで」「どの師匠から」「誰に」「いかにして神楽が伝授されたのか」「その後の師弟関係」についてである。とりわけ早池峰岳系神楽のなかでも、岳神楽から直接指導を受けた直弟子神楽に着目し、さらなる調査を実施した。また、神楽の伝播の範囲と地域的傾向を探るために、調査で得た弟子神楽の情報を地図に起こす作業をおこなった。

次に岳神楽を取り巻く歴史的背景については、関係の古文書類や伝承史料などから得た情報をもとに年表を作成し、近世から現代における岳神楽と、神楽を奉納する神社である岳早池峰神社（旧嶽妙泉寺）の歴史的変遷を明らかにした。そして、これに弟子神楽に伝承される成立年代を照合し、全体的な神楽の伝播の動向と社会背景を検討し、そのなかから岳神楽組織の成立過程を考察した。岳神楽の史料は、岳集落のたび重なる火災や岳川の氾濫により、その多くが失われてしまっているが、「嶽妙泉寺文書」「山陰文書」のなかにわずかに垣間見ることができるのでこれらを分析した。(8) 弟子神楽の調査の結果と、岳神楽、岳早池峰神社（旧嶽妙泉寺）、そして盛岡藩とのそれぞれの関わりを示した年表「早池峰岳系神楽一覧」を、図表1に掲載しておく。

以上のような調査と検討のなかで、早池峰神楽の継承と伝播についてのいくつかの新しい知見を得たので、各章において報告・紹介しながら検討を加えることにしたい。本書の構成は以下の通りである。

第一章では、「早池峰神楽における研究史」を整理し、本研究の意義を明らかにする。これまでの早池峰神楽研究の多くは、その起源と芸態論が中心であった。しかしながらわずかではあるが、近年その師弟関係に触れた論考もあり、それらを含めた先行研究を検討する。

第二章では、「早池峰山信仰と神楽」と題して、第三章以降のために、早池峰山信仰・神楽が伝承される地域・早池峰神楽（岳神楽と大償神楽）の概要を、先行研究の成果を踏まえて明らかにする。岳集落の生活環境については、実施した古老の聞き取り調査を紹介しながら、検討する。

第三章では、「弟子神楽の条件」と題して、花巻地方の早池峰岳系神楽に注目し、その伝播形態が旧東和町の早池峰岳系神楽の伝播形態と大きく異なることから比較検討する。さらに岳神楽とその直弟子との師弟関係を分析し、それぞれの神楽の成立伝承と師弟関係の変遷から、そもそも早池峰神楽における「弟子神楽」とはどのような存在なのかについて、その諸条件を明らかにし、これまで一様に捉えられていた弟子神楽を分類し定義づける。

第四章では、「早池峰神楽における「神楽由来書」と「言い立て本」」と題して、旧石鳥谷《いしどりや》町の早池峰岳系神楽において各々に保存されている「神楽伝授書」や「神楽言い立て本（神楽本）」[9]、「神楽由来書」そして「獅子頭の権現」などの史料から、これまで口承伝承であった神楽の成立由来や、岳神楽との師弟関係の検証を試みる。これにより、早池峰岳系神楽の特徴である師弟構造や、神楽の伝播について、伝承と史料の両方から解き明かしていく。

第五章では「旧東和町における弟子神楽の変遷」と題して、旧東和町の早池峰系神楽に焦点を当てながら、近現代の社会状況の変化を踏まえつつ、師匠と弟子の神楽がこれまでいかなる相互関係をもちながら神楽を存続・維持してきたのかについて、岳神楽の弟子の具体事例をあげて報告する。一方、同町内において中断した早池峰岳系神楽にも着目し、どのような過程を経て神楽が中断していったのかについて分析し、さらに現代における神楽の維持の条件について論じる。

第六章では「弟子神楽の成立過程」と題して、第三章～第五章を受けて、現在確認できる早池峰岳系神楽の新たな系譜図を作成する。さらに岳神楽・嶽妙泉寺・盛岡藩のそれぞれの歴史を照合することで、神楽を取り巻く歴史的背景と神楽の変遷、伝播の動向を明らかにし、考察する。その上で、各々の神楽の成立伝承と伝播経路について検討し、早池峰岳系神楽の成立過程を六期に分類する。これをもとに、岳神楽の成立過程について総合的に考察し、筆者の課題とした本研究の結論を述べることにしたい。

以上が本書の構成と要旨である。本書の目的は、民俗芸能の継承と伝播について、これまで筆者が調査してきた岳神楽を事例として、その構造を解き明かすものであり、本来ならば、民俗芸能の継承と伝播について論じる

図表１　早池峰岳系神楽一覧

＊ゴチック体：岳神楽の直弟子神楽　〈　〉記載：弟子神楽から伝承された神楽
　記載：岳神楽の流れを汲むと伝えられるが師弟関係が不明な神楽

神楽名*	成立年代	弟子神楽の成立由来	嶽妙泉寺および盛岡藩関連	備　考
	長享２年(1488)			田中神社から大償の修験幸林坊へ神楽が伝わる(大償神楽の開始。長享２年の神楽伝授書)
	天正16年(1588)		斯波氏と南部氏の戦いの末、紫波は南部領となる	
	18年(1590)		稗貫氏、大迫氏の没落。南部信直、和賀・稗貫・紫波を秀吉から拝領	
	文禄２年(1593)		南部信直、秀吉から不来方に築城を許可	
	3年(1594)		４月８日銘厨子と４月20日銘十一面観音像(岳早池峰神社所蔵)	
岳神楽	4年(1595)	文禄４年銘の獅子頭権現により、これ以前に神楽が開始されていたとされる		
	慶長年間(1596～1615)		嶽妙泉寺が新義真言宗豊山派盛岡山永福寺の支配下となる	
	慶長７年(1602)		南部利直(信直の嫡子)早池峰山頂上の若宮(阿弥陀安置)を再興	
	12年(1607)		８月４日、南部利直より黒印状をもって寺領150石と36箇山が嶽妙泉寺に寄進される	黒印状は嶽妙泉寺に関する文書記録としては最古のもの
	17年(1612)		南部利直が大檀那となり嶽妙泉寺新山堂を再興。早池峰権現遷宮の幣取りを山陰氏が務める	
	18年(1613)		江戸幕府から山伏法度	
葛神楽	元和４年(1618)	元和４年の神楽言い立て本を所有することから、この時期に開始したと伝わる		

	承応3年(1654)		六坊の初見は嶽妙泉寺新山堂棟札に「大工　大善院」とみられる	
	寛文2年(1662)		幕府の神道化が始まる(これより80年間)	
	6年(1666)		幕府より、「諸社禰宜神主法度」神道会を統一する	
	延宝2年(1674)		12月、嶽妙泉寺が京都御室御所仁和寺の直末寺となる(第18世快慶の時)	同時に、賓光院の院跡の兼帯を許される
八幡神楽	元禄元年(1688)	松ノ木の大原源太郎が岳に出向き神楽を習得(八幡神楽巻物)		南部領、大飢饉となり元禄16年まで凶作・飢饉が続く
	享保14年(1729)		嶽妙泉寺第20世義灯が仁和寺へ継目御礼に上京	六坊が京都吉田家の神道裁許状を得て神職となる。以降、大迫地方に吉田神道が伝えられる
	20年(1735)			門前社家の神官名初見は享保20年の再興講堂棟札。「嶽門前社家六人」(御用留牒)
	寛保2年(1743)			田中山陰家が吉田家神官となった後、大償佐々木家は山陰家第50代賛岐守宣房の門下となった
丹内山神社神楽	宝暦9年(1759)	早池峰山神官柳田大和守・小国河内守から谷内の丹内山神社禰宜小原治五右衛門へ伝承(伝授書)		南部領、宝暦5年に大飢饉、翌年飢饉。大迫町の冷害：宝暦4年凶作・5年大飢饉・6年飢饉・7年不作
	10年(1760)		南部家記録「御領分社堂二」には薬師堂社人吉田家として名前がある	鎌津田三右衛門、柳田大和守、小国若狭守、鈴鹿出雲守、和泉守子佐々木権四郎、小国河内守の6人
	天明年間(1781～1789)			天明～嘉永では、六坊が「～守」と名乗る(妙泉寺文書)。天明の大飢饉。大迫町の冷害：天明元年不作・2年大飢饉・3～4年飢饉・5年大飢饉

	天明元年(1781)			門前：僧１・男10・女４　家３軒　１組(妙泉寺文書　人数目録267頁)
赤沢神楽	２年(1782)	蕨田の嘉右衛門が岳から師を招く(伝承)		
	寛政６年(1794)			六坊のうち三坊は吉田家所属以前、本山派修験として記載(内史略)
	７年(1795)		５月10日、南部利敬が盛岡藩主となる	南部領各地で、一揆が起こる。後に南部利敬の吉田神道への傾倒
水押神楽	文化年間(1804～1818)	岳の人から教わる(伝承)。昭和56年より石鳩岡神楽が師匠となる		
石鳩岡神楽	文化２年(1805)	岳の小国常磐守藤原常正から小山田の菊池伝右衛門へ伝授(伝授書、焼失)		
	９年(1812)		７月「小国日向、神林和泉、小国河内、鎌津田相模、柳田大和、右五人嶽、戴拝状、官服御取上」とある(早池峰山御用留牒) 神道布令により「獅子舞神楽一統御差留」や、修験による「氏神祭祀差留」	10月「修厳神楽御差留」に対する大償神楽からの嘆願書が提出される
	10年(1813)		「御領分兼祠官社家共祠官神職控覚帳」(山陰文書)では、六坊が現在伝えられる形となる	「小国常盤、鎌津田民部(新)、小国織人、鎌津田式部(新)、柳田大蔵、神林益人」 「御領分兼祠官社家共祠官神職控覚帳」(山陰文書)
	12年(1815)		藩命により六坊は、黒森山別当澤守(津守とも記載あり)兵庫の支配下となる(御用留牒)	「岳門前社家六人並下社人六人」(嶽妙泉寺文書)
	14年(1817)		３月27日岳妙泉寺火災(山陰文書)。11月南部藩を盛岡藩に改める	

貴船神楽（旧南寺林神楽）	文政元年(1818)	南寺林村大蔵院の修験鎌田コウケイが岳で弟子入りし習得(伝授書、紛失)		
大畑神楽	文政初期(1818～)	旧正月に大畑に門付けに来ていた岳神楽の人から習う(伝承)		
	3年(1820)		6月3日、南部利敬没。在職37年	
羽山神楽	同上	小国村常楽法印もしくは宮古の鎌津田左京法印からの伝授説があるが、詳細は不明。文政3年の獅子頭を有する。神楽秘伝書(嘉永2年)を消失		
白土神楽	文政3年(1820)	門付けに来ていた岳神楽から白土の菅原鶴松が習う(伝授書、焼失)		
種森神楽	5年(1822)	門付けに来ていた岳神楽に沢藤伝五郎親子が弟子入りする(文政11年許状紛失、伝承)		
〈成田神楽〉	同上	八幡神楽6代菊池徳助から成田の小原佐太郎ほか7名へ伝授(八幡神楽巻物)		
幸田神楽	天保年間(1830～44)	近世(天保年間か)に入り、岳神楽を学ぶと伝えられる(伝承)		天保の大飢饉。大迫町の冷害：天保3年凶作・4年大飢饉・6～9年大飢饉
八日市場神楽	天保元年(1830)	岳系と伝えられるが詳細は不明		
塚沢神楽	5年(1834)	岳の人から伊藤門兵衛と伊藤深治が神楽を教わる(伝承)		
	6年(1832)		柳田上総らが、吉田家から再び裁許状得て(天保3年か)、「門前六坊共」が復活している(妙泉寺古什物帳)	天保7年、稗貫・紫波・小山田などで一揆起こる
〈二子町川端岳神楽〉	14年(1843)	岳神楽もしくは川目神楽から習う(伝承)		

〈稲荷神楽〉	弘化２年(1845)	種森神楽から神楽を教わる(伝承)		
〈砂子神楽〉	嘉永５年(1852)	丹内山神社神官小原千実から砂子の小原権太郎ほか11名へ伝授(伝授書)		嘉永６年、三閉伊一揆起こる
胡四王神楽 (旧矢沢神楽)	安政３年(1856)	小山田の宮川文助(嶽妙泉寺寺男)より、矢沢小倉掛の中島新蔵・米蔵が教わる(神楽人改)		
〈社風長京神楽〉 (旧野手崎神楽)	同上	丹内山神社の物部実より金嶺山長京寺の常法院方全へ伝授される。開始時期は享保年間の説もある		
〈高木岡神楽〉	元治元年(1864)	元治元年に幸田八雲社の分神を迎え、夜神楽が奉納されたと伝承。詳細は不明。昭和初期に幸田に弟子入り		
〈更木神楽〉 (旧西田神楽)	慶応３年(1867)	成田神楽から更木の人が神楽を習う(神楽由来書と伝承)		慶応２年、稗貫・紫波・安俵・高木通などで一揆が起こる
〈太田神楽〉 (旧宮古路神楽)	明治元年(1868)	成田神楽の弟子となる(伝承)。昭和23年に更木の遠藤長久が師となり、太田の宮森三郎ら７名が習う	盛岡藩降伏。明治維新	
夏油神楽	明治初期	明治初期に岳神楽の弟子となる。昭和58年に石鳩岡神楽の弟子となる		
〈大瀬川神楽〉	明治３年(1870)	八幡神楽の８代目菊池徳助から大瀬川の高橋藤兵衛へ伝授(八幡神楽巻物)	神仏分離令により、嶽妙泉寺は廃寺となる。新山宮が郷社早池峰神社となる	嶽妙泉寺第31世住職円能法印は大沢広と改名し、岳早池峰神社神主となる
〈中内神楽〉	10年(1877)	中内の千葉儀三郎が中心となり、幸田の神官佐々木織人より伝授される(伝承)		
浅井神楽	19年(1886)	餅田神楽から教わる		
〈田瀬神楽〉 (沼ノ沢神楽)	20年(1887)	沼ノ沢の神官朝倉知波比(繁収)が砂子神楽から神楽を習う		

〈堰袋神楽金毘羅神楽〉	22年(1889)	幸田神楽もしくは高木岡神楽から教わる(伝承)。現在は幸田神楽の弟子		
〈外山神楽〉	28年(1895)	白土神楽から神楽を教わる(伝承)		
〈平倉神楽〉(上郷神楽)	34年(1901)	塚沢神楽から二代にわたって神楽を教わる(伝承)		
〈下通り神楽〉(旧 槻 の 木 神楽)	明治後期	高木岡神楽から教わる(伝承)		
〈安野神楽〉	同上	幸田神楽から教わる(伝承)		
〈高木小路神楽〉	同上	幸田神楽もしくは高木岡神楽から教わる(伝承)。現在は胡四王神楽の弟子		
〈岳流学間沢神楽〉(旧米里神楽)	大正４年(1915)	慶応年間の成立ともいわれる。大正４年に千葉栄松と高橋万左衛門が白土神楽から教わる(白鳩神社由来書)		
〈早池峰岳流綾内神楽〉	同上	水押神楽から教わる。その後(昭和56年)、石鳩岡神楽一ノ倉氏から綾内の昆野氏へ指導		
早池峰岳流浮田神楽	大正５年(1916)	岳神楽の伊藤巳太郎から浮田の阿部藤蔵・佐々木忠孝へ伝承(伝授書)		
〈金谷神楽〉	11年(1922)	大畑神楽から習う(伝承)。天保～弘化年間開始説もある	早池峰神社が県社に昇格する	
〈北小山田神楽〉	大正後期	幸田神楽から教わる		
〈内の目神楽〉	昭和８年(1933)	浅井神楽から教わる		
〈中寺林神楽〉	11年(1936)	貴船神楽の千葉儀一氏より神楽を教わる		
〈倉掛神楽〉	戦後	胡四王神楽の鎌田久一氏・中島徳夫氏が師匠となる		

〈下似田内神楽〉	戦後	もとは幸田神楽の弟子と伝わる。戦後、胡四王神楽の谷川政雄氏が師匠をつとめる		
〈内高松神楽〉	同上	もとは幸田神楽の弟子と伝わる。戦後、胡四王神楽の鎌田久一氏・中島徳夫氏が師匠となる		
〈小舟渡神楽〉	同上	胡四王神楽の中島徳夫氏が師匠をつとめる		
〈胡四王婦人神楽〉	同上	神楽仲間の妻たちによる神楽		
〈岳流駒形神楽〉(小山田神楽)	昭和21年(1946)	岳神楽の伊藤巳太郎氏と石鳩岡神楽の菊池荘一氏から駒形の佐々木繁氏が教わる		
〈成島神楽〉	昭和30年代(1955～)	幸田神楽から教わる		昭和31年(1956)岳神楽と大償神楽が「早池峰神楽」として岩手県指定重要無形民俗文化財の指定をうける
〈石持神楽〉	40年(1965)	下似田内神楽の高橋盛氏から教わる		
〈田力神楽〉	48年(1973)	幸田神楽から鎌田与郎氏他が教わる		
〈袰輪神楽〉	50年(1975)	幸田神楽のから教わる		
〈平良木神楽〉	51年(1976)	幸田神楽から教わる		岳神楽と大償神楽が「早池峰神楽」として国指定重要無形民俗文化財の指定をうける
〈上駒板神楽〉	同上	幸田神楽から教わる		

にあたっては、複数の芸能に触れて述べるべきとの批判もあるかもしれない。これについては早池峰神楽は自他ともに認められた師弟関係のもとに伝播しているという点で特徴的なものであることから、本書ではあえて早池峰岳神楽に焦点を当てて、その継承と伝播について論じることとした。(10) このような調査研究が、我が国における民俗芸能の全体像を把握する上で、重要な一過程であると考えるからである。周知のように、早池峰神楽とは、岳神楽のみの呼称ではなく、大償神楽も含めての呼称である。大償神楽の継承と伝播については、今後の課題としたい。

なお、研究を進めるにあたり、聞き取り調査という民俗学的手法を主軸とし、それを伝承史料などから裏付けつつ検討していくのであるが、調査の性質上、各章に必要によって重複する内容が掲載される場合もあることを、あらかじめお断りしておきたい。

(1)『岩手県の民俗芸能――岩手県民俗芸能伝承調査報告書』（岩手県教育委員会、二〇一一年）。

(2)『岩手県の民俗芸能――岩手県民俗芸能緊急調査報告書』（一九九七年版、一八九頁）では、神楽を次のように分類・定義している。

「山伏神楽」…権現様を奉じる修験山伏神楽。

「大乗神楽」…山伏神楽と同様に権現様を奉じる修験流の神楽で、旧和賀地方に分布し法印神楽の要素が強い。

「社風神楽」…旧盛岡藩領の社家神職が組織した神楽。

「科白神楽」…南部神楽、仙台神楽、胆沢神楽などともいい、修験道廃止後、主として県南地方の農民たちの手で再構成された科白を伴う神楽。

「太神楽」……獅子舞や万歳、狂言などを中心とする伊勢太神楽や熱田太神楽の流れをくむ獅子神楽。

「その他」……上記の分類に該当しない神楽。江戸里神楽、法印神楽など。

（3）岩手県文化財愛護協会編『岩手の民俗芸能』（一九九〇年）六頁。

（4）熊谷保・加藤俊夫『北上民俗芸能総覧』（北上市教育委員会、一九九八年、四六頁）。「幕神楽」とは、神社に奉納するために幕を張り祈禱することを目的とする神楽。「権現舞」とは、獅子頭の権現を神仏の化身として奉じて舞う舞。災厄退散と豊穣を予祝して、神楽の最後に必ずおこなわれる。

（5）早池峰大償神楽にはさらにいくつかの流派があり、田中系が三団体、斎部流野口家流式が六団体の弟子神楽をもつといわれるが、これについては現在調査中である。

（6）岳神楽系の「神楽伝授書」として古いのは、丹内山神社神楽の宝暦九年（一七五九）のもので、「早池峰山神官柳田大和守　小国河内守」の記載がある。師弟関係を示す「弟子神楽」という呼称は、大正年間の史料に「弟子」と記載されるものが見受けられる。師匠については、「師」「先生」などと記載するものが多い。本田安次氏の『本田安次著作集　日本の伝統芸能』（錦正社、一九九四年復刻版）に収録する明治三年(一八七〇)の「御神楽幕出し並言立本」（菅原才治氏蔵本）に、「本師匠稗貫郡内川目村字東岳、東岳御神楽、鎌津田興助也、御神楽幕出し並ニ言立の事」とみえる。本田氏の著書は昭和十七年（一九四二）に出版された『山伏神楽・番楽』の再録であるが、本田氏も、流れを汲む神楽を「岳流諸派」とし、いつくかの神楽名をあげて「弟子神楽」と表記している。

（7）早池峰神楽の流れを汲む神楽のなかには、みずから保存会名称に早池峰流と付加して、正式名称としている場合もある。本書において筆者は、分析概念として早池峰流を名乗る団体だけでなく、早池峰神楽の流れを汲む神楽すべてを検討の対象とする。そのなかでも岳神楽の流れを汲むものは早池峰岳系神楽、大償神楽の流れを汲むものは早池峰大償系神楽とする。

（8）「嶽妙泉寺文書」とは、明治初年まで早池峰山麓に別当寺として存在した嶽妙泉寺に保管されていた藩政時代の文書のことである。内容は、「早池峰山由来記」「早池峰山御用留帳」のほか、由来・証文関係・納書・御室御所関係・什物関係・葬祭関係など、妙泉寺の日常全般に関する記録である。早池峰山祭祀を司祭する嶽妙泉寺の年中行事を記した「年中行事日記」は、寛政六年（一七九四）に法印祐宣(第二十五世と推定)が記録したもので、内川目上住郷《かみすごう》の伊藤家が所蔵していた。明治中期に内川目村村長であった大沢精一は、嶽妙泉寺最後の住職円能の養子で、伊藤家と婚姻関係にあったため、「年中行事日記」を含む伊藤家が所蔵する数点の「嶽妙泉寺文書」は、大沢により嶽妙泉寺からもち出されたものと考えられている（『大迫町史　民俗資料編』一九八三年、六九三頁）。

「山陰文書」は、早池峰山登拝稗貫口の先達、田中明神神主山陰家に伝わる文書である。山陰家は代々社人であったと伝えているが、藩政時代に入って嫡流三代が羽黒派修験となった。現存する古い「山陰文書」は、この修験時代のもので、それ以外は社家に復した第五十代讃岐守宣房の時代に書かれ、あるいは書写されたものが多い。家伝によれば、第四十二代越前守広康の時代に天火（落雷）により居宅が炎焼、古書類を焼失したとのことで、中世の文書は残っていない（前掲『大迫町史　民俗資料編』、八二三～八二四頁）。内容は信仰史料と、芸能史料である。

早池峰山信仰については、延享元年（一七四四）の「田中大明神御鎮座申伝記」、宝暦十年（一七六〇）の「田中明神御鎮座申伝記」がある。田中明神祭祀については「年中之行事記」「表日記」、その他断簡類が残されている。

芸能に関しては、自社の田中神楽についての史料は少なく、岳神楽については面や獅子頭に触れたものなどの断簡、大償神楽については大償別当である幸林坊や佐々木家に触れたものがある（前掲『大迫町史　民俗資料編』、八二四～八二五頁）。

なお、「嶽妙泉寺文書」は、平成十八年に花巻市教育委員会により慶長二年から明治初年までが翻刻・解読されて発行されている。「山陰文書」は、現在公開されていないが、その一部が『大迫町史』に翻刻・紹介されている。

（9）神楽歌を記載した神楽本の呼称については、本来岳神楽では「舎文《しゃもん》」と呼んでいるのであるが、流れを汲む神楽のなかでは「言《い》い立《た》て本」、あるいは「言立《えだて》本」「えごと本」などと呼ばれるのが一般的である。本書では「言い立て本」と表記する。

（10）本書では、各地域における早池峰岳系神楽の伝播形態の比較だけでも複数報告しており、これ以外の芸能まで含めると混乱を招く恐れがあるので、今回はあえて早池峰岳神楽のみに焦点をしぼって論じることにし、伝承される旧大迫町とその周辺地域を調査の対象としている。

第一章　早池峰神楽における研究史

はじめに

本章では、早池峰神楽における研究史を整理し、本研究の意義を明らかにする。

これまでの早池峰神楽研究の多くは、その起源と芸態論が中心であった。しかしながら近年には、岳や大償の神楽が伝承される地域の地域性や、師弟関係に触れた論文が、わずかではあるが報告されている。それらを含めた先行研究を紹介し、検討する。

一　従来の早池峰神楽研究——起源と芸態論を中心とした研究

はじめに、早池峰神楽の歴史的背景を知る上で早池峰山信仰と修験山伏、そしてその舞台となる嶽妙泉寺・田中神社・大償神社の歴史的変遷について触れることにする。特に「岳神楽の歴史は、嶽妙泉寺の歴史」、「大償神楽の歴史は、大償神社の歴史」と捉えることによって、各時代の神楽の諸相が明確にできる。

菊池輝雄「早池峰修験と妙泉寺」（一九七七年）は、その理解を深めるための重要な論文である。(1)　北上高地の主峰早池峰山の地形的特色、および寒冷地ゆえに凶作が頻発した北上高地周辺地域の歴史的社会背景を述べたうえで、早池峰山信仰の詳細について報告している。菊池氏はまず、早池峰山の登山口にあたる四つの地域（遠野附《つき》馬牛《もうし》の大出《おおいで》・大迫《おおはさま》の岳・川井村の門馬《かどま》・小国の江繋《えつなぎ》）に祭祀された、早池峰山頂の奥宮ゆかりの寺院（妙泉寺自福院・妙泉寺池上院・妙泉院・善光院）を紹介し、それらの地域が掛所・御坂と呼ばれて個性ある信仰と文化を育ててきたことを明らかにしている。

そして、早池峰山信仰の中心となる二つの妙泉寺（嶽妙泉寺・遠野妙泉寺）の近世から近代にかけての変遷をたどり、早池峰山山頂の奥宮に祀られる薬師如来が、支配者の交代により十一面観音へと替えられたことや、両妙泉寺の祭祀権争い、信仰圏(2)、早池峰山と早池峰修験について言及している。早池峰山信仰と妙泉寺を総合的に理解する上で貴重な研究論文である。

早池峰神楽については、これまで多くの研究が蓄積されているが、その多くは起源と芸能論が中心であった。代表的な早池峰神楽研究について以下に述べる。

早池峰神楽を研究対象として初めて取り上げたのは、昭和十七年（一九四二）発刊の本田安次『山伏神楽・番楽』である(3)。早池峰神楽のみならず、神楽研究の草分け的研究書である。本田氏は「序」を、以下のように書き始めている。

> 陸前の北部より陸中の南部一帯にかけて分布している南部神楽に、これが主として伝わったと思われる法印神楽にはない華麗雅な舞の型が残っているのをみて、不審に思いその源をつきとめたく、昭和六年の夏、稗貫郡内川目村字岳の県社早池峰神社の例祭に詣でて御神楽の式番を古老たちの好意により演じてもらったのが、思えばこの一業の舞曲発見の端諸となったものである(4)。

以来、本田氏は早池峰神楽をはじめとして、青森県・岩手県・秋田県・山形県に伝承される山伏神楽と番楽の調査を、昭和六年（一九三一）から十六年（一九四一）にかけておこなっている。そして口承伝承であった舞曲を採集し、これを記録した。岳神楽・大償神楽・黒森神楽・円万寺神楽を中心に、多くの山伏神楽に触れているのだが、特に岳神楽・大償神楽については、能以前の猿楽の形態を残している点を指摘し、神楽の概要や舞曲の芸態、そして言い立て（含文）、衣裳や持物などの記録を詳細に残している。

本田氏はこれらの形態の比較をおこなった結果、いくつかの共通点を見出し、

この舞の分布は広く、南は最上、飽海より、北は上北、下北に及び、主としては早池峰、黒森、鳥海、太平等の山々のめぐりに伝播されていた。その僅かな式例の相違により、太平洋側では、これを大方山伏神楽の名に呼び、日本海側では番楽と云う。

と述べている。(5)

また岳神楽や大償神楽の流れを汲む神楽についても触れている。(6)これについて、「近年、岳から直接に分かれたものは沢山あり、かくも弟子神楽が増えたのは主として明治以降らしい」と述べており、文中に「弟子神楽」という言葉を使用している。(7)岳神楽や大償神楽の流れを汲む神楽について報告されている数少ない文献の一つであり、おそらく「弟子神楽」という言葉を使った最初の研究書でもあろう。同書のなかでは、弟子神楽については分布のみの記載で、それぞれの弟子神楽の来歴や詳細についての言及はない。しかしながら、弟子に目を向けた論文はこのあとしばらく出現せず、貴重な記録となる。この本田氏の『山伏神楽・番楽』をきっかけに、岳集落や大償集落に研究者が入るようになり、その後は芸態論を主とした論文が発表されている。

昭和四十六年（一九七一）に発行された森口多里『岩手県民俗芸能誌』は、岳神楽と大償神楽を含めた山伏神楽の内容を、本田氏の報告を踏まえてさらに詳細に調査している。(8)神楽を上演する場や、神楽の振り付け、細か

な所作などについて、全般的に触れられている。またこのなかでは、「山伏神楽の分布」と題して、岳神楽と大償神楽の流れを汲む神楽を、江刺市・東和町・花巻市・石鳥谷町などの市町村ごとに紹介している。しかしながらこれについても、主として神楽の名称と系譜を述べたものであり、個々の神楽の詳細までは触れられていない。森口氏は文中、流れを汲む神楽について「岳系統」「大償系統」と表現している。

神田より子「早池峰の山伏神楽」（一九八四年）は、山伏神楽の一つとして早池峰神楽をとりあげ、その概要を述べつつ、信仰にもとづいた舞の形や装束、舞の思想などについて論じている。(9)

神田氏はまた、「神楽の〝経済学〟――陸中沿岸地方の神楽資料から――」（一九九〇年）において、旧盛岡藩領の太平洋沿岸地方に今も続く神楽の廻村巡業の経済的な側面を考察している。そのなかで早池峰神楽や同じく山伏神楽と呼ばれる黒森神楽（岩手県宮古市）などいくつかの山伏神楽を事例にあげて、神楽の担い手について「獅子頭を権現様と称して村々を廻り、家々を一軒ずつ訪れて門打ちをして歩くことができたのは、獅子頭に降臨する以前の神体が座す聖域を管理し、その地で儀礼を司祭する別当であり、彼らの多くはかつては修験・山伏であった」「このように山伏神楽と一般的に称されているが、実際に神楽を演じてきた人々のすべてが修験・山伏であったわけではなく、修験・山伏にひきいられた神楽衆が神楽を演じてきたのであった」と述べている。さらに「獅子をまわし、神楽を演じて霞場を廻って歩くのは、霞主である修験者にとっては重要な仕事であり収入源であったのである」として、その詳細について述べている。神楽の担い手がすべて修験山伏というのではなく、一部の修験山伏がいれば神楽衆を構成できるという点を指摘し、さらに神楽による経済性について述べた貴重な論文である。(10)

近年の早池峰神楽研究では、平成十一年（一九九九）発行の久保田裕道『神楽の芸能民俗的研究』がある。(11)久保田氏は、「早池峰神楽の芸能伝承と民俗」「民俗文化における神楽の存在意義」と題して、主に大償神楽の歴史的背景・芸能伝承・芸能伝承者の社会について考察している。早池峰山周辺の大償神楽をはじめとする、五つの山伏神楽（大償神楽・円万寺神楽・野崎神楽・江繋神楽・門馬神楽）を取り上げて、これらの山伏神楽が伝承される地域の民俗のなかに、修験者がもち歩いた山伏神楽が、どのように根を下ろしていったのかを論じ、大償における芸能伝承集団について、次のように整理している。(12)

①芸能伝承集団は、限られた家筋の同族的集団である。
②同時に、芸能伝承集団は、大償という村のなかにも限定される。
③芸能を演じることによって得る収入は個人に帰する。
④芸能伝承集団内部つまり大償において神楽が演じられるのは、出発時・十二月十五日（オトシトリ）・終了時の三回である。

また久保田氏は、大償の村社会や巡業地域について、

通り神楽が廻り始めたのは、通常十一月中旬のことであるが、各ムラの農作業が終了していることが前提条件であった。（中略）こうして翌年一月・二月まで、内川目一帯と大迫の町を廻って歩く。ただし、十二月十五日には必ず大償に戻って来た。これは、その日が大償神社（権現様）のオトシトリであったためである。大償の別当家で神楽を舞うのが慣例となっていた。また年末にも戻り、大償で年を越し翌年一月五日まで休み、再び通り神楽に出掛けて行く。

と報告している。(13)これ以外にも、巡業のルートが詳細に調べられていて、大償の地域性や神楽を取り巻く環境、現代ではすでにおこなわれなくなった巡業の様子を知ることができる。従来芸態論が中心であった早池峰神楽研

究において、本書は神楽を取り巻く社会性に焦点を当てた点で興味深い研究である。

二　継承と伝播に触れた先行研究

従来の早池峰神楽研究においては、岳神楽と大償神楽、そして岳集落と大償集落には着目されても、その流れを汲む神楽と所在する地域には、あまり目が向けられておらず、神楽の継承と伝播について触れている研究も少ない。本節では本書の課題である早池峰神楽の継承と伝播に関わる先行研究を概括しておく。

上述したように、流れを汲む神楽に関する報告は少なく、特に現状については、ほとんど正確に把握されていない。例外は花巻市東和町小山田の石鳩岡神楽である。森尻純夫氏が「弟子座の形成～地域の宗教感性と芸能への身体動機」（一九九〇年）のなかで、早池峰山信仰を多角的に捉え、信仰に基づく神楽の巡演域と弟子神楽の形成について論じている。(14)そのなかでも特に岳神楽の弟子である石鳩岡神楽に注目し、親神楽が存続する岳集落と石鳩岡神楽が存在する小山田集落の、歴史的地域性と信仰に基づく交流、神楽の活動を踏まえながら、弟子神楽の形成を考察している。

また、西郷由布子氏は「芸能を身につける～山伏神楽の習得過程」「人はどうして『踊りおどり』になるのか」（一九九一年）のなかで、同様に岳神楽と石鳩岡神楽を題材として、その芸態と山伏神楽の習得過程について報告している。(15)西郷氏はこのなかで、やはり石鳩岡神楽を取り上げ、地域の生活と神楽の伝承を通して、民俗芸能と農村の暮らしの関係について述べている。

このように石鳩岡神楽をとりあげた論考がいくつかあるものの、その他は限られた弟子神楽の概要を述べるに留まるものである。

唯一、弟子神楽について広く触れているのが、菅原盛一郎『日本の芸能早池峰流山伏神楽』（一九六九年）である。[16]菅原氏は、岳神楽と大償神楽のそれぞれの流れを汲む神楽の系譜図「東和町近郊の主なる早池峰系山伏神楽一覧」を作成しており、発刊後四十年以上経過した今日においても、早池峰神楽の流れを汲み取ることのできる唯一のものとして貴重である。内容は、神楽の系譜図、獅子頭権現の由来、「神楽伝授書」について、舞の種類や装束、舞の由来と言い立て（舎文）、山伏にまつわる印の結び方など、岳神楽と大償神楽を主題に、幅広く記述されている。筆者の研究のベースとなる書であるが、その詳細は東和町近郊の神楽に限られており、全体を把握することはできない。また系譜図に関しても不明な点が見受けられ、弟子神楽が形成された経過について深くは触れられていない。さらに発刊されてから四十年あまりも経過した現在、神楽の名称の変更や状況の変化が推測される。それらの再確認、および未調査の弟子神楽の現状の把握、そして弟子が形成される過程についての考察などの課題が残されている。菅原氏以降、早池峰神楽の伝播に触れる報告がなされておらず、解明すべき点が多いのである。

まとめ

これまで、神楽の起源や芸態論中心であった従来の早池峰神楽研究、そして近年における弟子神楽や神楽の伝播に触れる先行研究について述べてきた。

ここで改めて、筆者は疑問を提示したい。

①なぜ早池峰神楽は現代まで継続し、その流れを汲むという神楽が数多くしかも広範囲に存在するのか。

②これまでなぜ継承と伝播の形が明らかにならなかったのか。

③そもそも、早池峰神楽における弟子神楽とは、いかなる存在なのか。

これらの疑問を解き明かすためには、弟子と位置づけされた神楽群の詳細と、その地域性や伝播の状況を明確にしていく必要がある。本書で特に課題としたいのは、次の三つの論点についてである。

第一点は、弟子神楽とはいかなる存在であったのか。第二点は、神楽が伝播する際には、核となるいくつかの神楽が存在していたこと。第三点は、弟子神楽の成立過程についてである。

大石泰夫氏は、『芸能の〈伝承現場〉論　若者たちの民俗的学びの共同体』「民俗芸能の伝播」（二〇〇七年）のなかで、民俗芸能を《見る型芸能》（簡単には覚えられず師匠からの伝授が必要・他の共同体に教えることには抵抗がある・「変えない」ということに誇りをもつ・神事性や呪術性が強調される）と、《踊る型芸能》（簡単にみるだけでも覚えられる・教えることに抵抗がない（多くの人が踊るのを好む）・「変える」ことに抵抗がない・娯楽性が強調される）の二つに分類している。[17]そのうえで、元禄年間（一六八八～一七〇四）から弘化年間（一八四四～四八）にかけて盛岡藩を襲った大飢饉の結果、早池峰神楽が民衆の間に広く伝承されたという従来の説を取り上げて、「信仰のチカラが民俗芸能を伝播させる」との議論に対して、

「神の加護を求め、凶作と悪疫を逃れたいと願った」ことは、確かに弟子神楽の誕生に大きく影響したと思われる。しかし、そうした心意だけでは神楽のような〈見る型芸能〉は伝播するのであろうか。そうした心意に加えて、伝播を促すような現実的な要因が必要だと思われる。

と述べて、神楽のような高度な技術の習得が必要とされる芸能が伝播する際には、そこに伝播を促すなんらかの要因が発生しているであろうことを指摘している。[18]

筆者は、早池峰神楽がどのように継承されてなぜ広く伝播されたのかについて明らかにするためには、岳神楽

と大償神楽のみならずそれぞれの弟子神楽の詳細がわからなければ、明確にはならないと考えている。よって、本書では早池峰神楽のうち岳神楽の師弟構造に着目し、弟子神楽の詳細を師匠と弟子の関係、相互の地域の歴史的背景を踏まえながら、その継承と伝播について考察することにしたい。

(1) 菊池輝雄「早池峰修験と妙泉寺」(『山岳宗教史研究叢書7　東北霊山と修験道』、名著出版、一九七七年所収)。
(2) 遠野妙泉寺は北上川の東から三陸海岸まで、南は伊達領の江刺郡・気仙郡・東磐井郡・本吉郡）を信仰圏とする。
(3) 本田安次『山伏神楽　番楽』(斎藤報恩会、一九四二年初版。『本田安次著作集　日本の伝統芸能　第5巻　神楽V　山伏神楽・番楽(復刻)』、錦正社、一九九四年復刻)。
(4) 註(3)、一頁。
(5) 同右。
(6) 大償神楽の流れを汲むものとしては、稗貫郡の晴山神楽・旭ノ又神楽、・亀ケ森神楽・上郷神楽・合石神楽、和賀郡の土沢神楽、上閉伊郡の湯屋神楽、紫波郡の土舘神楽・星山神楽をあげている。また岳神楽の流れを汲むものとしては、稗貫郡の羽山神楽・幸田神楽・明戸神楽・種森神楽・大瀬川神楽・北湯口神楽・八日市場神楽・和賀郡の丹内神楽・小山田神楽・野手先神楽、紫波郡の赤沢神楽・白沢神楽、上閉伊郡の大出神楽などをあげている。
(7) 註(3)、五一七頁。
(8) 森口多里『岩手県民俗芸能史』(錦正社、一九七一年)。
(9) 神田より子「早池峰の山伏神楽」(宮家準編『山の祭りと芸能』下巻、平河出版、一九八四年所収)。
(10) 神田より子「神楽の〝経済学〟――陸中沿岸地方の神楽資料から――」(岩田勝編『神楽　歴史民俗学論集1』名著出版、一九九〇年所収)七二八頁。
(11) 久保田裕道『神楽の芸能民俗的研究』(おうふう、一九九九年)。
(12) 同右、五七頁。

(13) 同右、二五五・二五六頁。
(14) 森尻純夫「弟子座の形成～地域の宗教感性と芸能への身体動機」(『民俗芸能研究』第一一号、一九九〇年)。
(15) 西郷由布子「芸能を身につける～山伏神楽の習得過程」「人はどうして『踊りおどり』になるのか」(『民俗芸能と農村の暮らし』、全国農業観光協会、一九九一年所収)。
(16) 菅原盛一郎『日本之芸能早池峰流山伏神楽』(東和町教育委員会、初版一九六九年、復刻版二〇〇二年)。
(17) 大石泰夫『芸能の〈伝承現場〉論　若者たちの民俗的学びの共同体』(ひつじ書房、二〇〇七年)、一一〇頁。
(18) 同右、一一二頁。

第二章　早池峰山信仰と神楽

写真１　早池峰山
北上高地の主峰。旧名は東根嶽。大迫口(大迫岳)・門馬口・江繋口(旧川井村)・大出口(遠野市)の４つの登山口がある。
(撮影：佐々木秀勝氏)

はじめに

北上高地とは、北上川を境に東は三陸海岸まで、北は北上川の水源地である葛巻町から南は宮城県境までの領域を言う。早池峰山(標高一九一三・六メートル)はこの北上高地の主峰であり、日本列島形成以前に形成された山として地質的にめずらしく、その生成の歴史は古い。(1)早池峰山は、古来霊峰とされ信仰を集めている。その山神を作神、山の神、漁の神とする信仰が早池峰山信仰であり、信仰圏は北上高地の旧盛岡藩領全域と陸中海岸、旧仙台藩領の胆沢地方などに及んでいた。またかつては修験山伏の道場でもあった(2)(写真1)。

本章では第三章以降の理解のために、早池峰神楽の背景として、まず早池峰山の地理的概要と早池峰山信仰、早池峰神楽(岳神楽と大償神楽）の概要を述べ、そして神楽が伝承される集落について、先行研究を踏まえつつ、古老からの聞き取り調査をもとに、これまでの生活の状況について報告する。

一　早池峰神楽の背景

北上高地は、日本海側と太平洋側、山地と平地などの複雑な地形によって気温の変動が大きく、かつては東北地方のなかでも冷害の深刻な地域であった。藩政時代には、繰り返し訪れる冷害と飢饉から百姓一揆が頻発し、人々の生活は不安のなかにあった。これらの地域に居住する人々の信仰対象の一つが早池峰山であった。早池峰山は、山の民からは山の神、平野部の民からは作神、三陸沿岸の民からは海神として広く信仰された。ここでは早池峰神楽の背景として、早池峰山の地理的概要と早池峰山信仰について述べておく。(3)

（一）　早池峰山信仰の概要

①伝説からみる早池峰山信仰

早池峰山には、その山神にまつわる伝説が多く残っている。以下、早池峰山麓の地域の伝説から、人々が早池峰山をどのように捉えてきたのか、またそれぞれの生業から早池峰山信仰を明らかにしておきたい。

早池峰山麓のいくつかの集落では、早池峰山の山神について「三人の女神の話」という共通の伝説をもっている。(4)

【三人の女神の話】

薬の神様に三人の娘があった。ある秋晴れの日、三人の女神は四方の山の紅葉を眺めながら薬草を取りに出かけて、花を探し歩いた。この女神たちは薬の神様の仰せで、めいめい好きな山を選んでその山の神様にならなければならなかったから、どの山が良かろうかと探していた。姿美しい早池峰山を見て、なんとかこの山の神となりたいと三人とも思ったが、羽山、そして胡四王《こしおう》山を次の候補にとも考えた。宮野目まで来ると女神たちは皆疲れて眠ってしまった。
三番目の末娘が夜中に目を覚まし、すぐに飛び立ち、早池峰の神となった。二番目の女神が目を覚まし、妹が早池峰山の神になったのを知り、羽山に飛んで行き台の羽山の神となった。姉神が目を覚まし、妹たちがすでに山の神になっているのに気が付くと胡四王山に飛んでゆき、その神となった。この姉神は目を病んでいて遅れをとったので、衆人のため眼病をなおしてやろうと請願を建てられると、盲人(原文ママ)はみな信仰した。早池峰も羽山も胡四王も、薬師如来が勧請されたが、早池峰だけは後に観音様に祀りかえられたということである。

写真2　三人の女神の石碑
三人の女神の石碑は神社や峠などに見られる。この石碑は遠野市の神遺神社のもの。
（大迫町観光協会編『早池峰神楽』2003年）

これは遠野地方・矢沢地方・宮城県の気仙地方に伝わっている伝説である。台や矢沢は、いずれも早池峰山信仰圏である。早池峰山の信仰対象が中世期までの薬師信仰から、近世以降には観音信仰へと移行されたことを示している。これらの早池峰山信仰の変遷については次項で述べたい。また旧大迫町亀ヶ森地区では、同じく三人姉妹の話ではあるが、「台の羽山様、矢沢の胡四王様、亀ヶ森の権現堂様の三姉妹があった」としており、古来早池峰山の遥拝所である亀ヶ森の権現堂を伝説に加えている(5)。

ちなみに遠野地方では六甲牛山、石神山、早池峰山を三山と言い、気仙地方では五葉山・六甲牛山・早池峰山を三山と呼んで、それぞれの山に三人姉妹の神を当てはめて信仰している〔写真2〕。

柳田国男の『遠野物語』のなかには、早池峰山の山神に対する人々の崇拝や畏怖を垣間見ることができる。

【『遠野物語』一二六話】

狩人の話では早池峰山の主は、三面大黒と言って三面一本足の怪物だと言う。現在の早池峰山の御本尊は黄金像の十一面観世音であって大黒様のお腹仏であると言い伝えている。その大黒様の像というのは五・六寸ほどの小さな荒削りの像である。早池峰山の別当寺を大黒山妙泉寺と称えるのも、この大黒様と由縁があるからであろうと、妙泉寺の別当の跡取りである宮本君の言であった。(6)

写真3①　遠野早池峰神社

明治以前は遠野妙泉寺。嶽妙泉寺と早池峰山の祭祀権を長期間にわたり争った。

写真3②　遠野早池峰古参道

遠野妙泉寺大黒坊〔写真3〕の本尊は大黒天で、開山は慈覚大師円仁と伝えられる。嘉祥年間（八四八〜八五一）に慈覚大師が、この地に来て早池峰山の宮寺として妙泉寺を建て、その坊舎を大黒坊と称し不動山尊と大黒一尊を本尊とした。また新山宮と号して、十一面観音の垂迹とされる早池峰大権現を祀り、薬師如来・虚空蔵菩薩を併設したという。

これらの説話から、早池峰山の山神の本地が十一面観音であることなどが、わかりやすい説話となって里人に伝えられたことがうかがえる。
このほかにも『遠野物語』の一〇九話・一一三話など、早池峰山の山神にまつわる話がいくつかあり、そのなかに当時の里人の山神に対する畏怖や信仰心を読み取ることができる。

②人々の早池峰山信仰

早池峰山信仰は、その山神を作神、漁の神とする。以下、早池峰山信仰圏の人々の生業から信仰の形を述べる。

【狩猟民の信仰】

早池峰山の開山にまつわる伝説は、いずれも狩人の話で始まる。このことからもわかるように、山の恵みにより生活を立てていた人々にとって、早池峰山は最も生活に密接した信仰対象であった。山の仕事に携わる人々は、早池峰山に対して篤い信仰をもっていた。特に猟師は、獲物や山の幸が多いこと、猟の事故がないこと、命を奪った獲物からの祟りがないことなどを祈念していた。木こり、炭焼き、大工、屋根ふきなどの山の仕事に関わりをもつ人々は、十二月十二日の山の神の年越しの日には、刃物は使わない決まりになっていて、仕事を休み、お神酒をあげてお祝いをする。建前に餅をまくのは、山の神様への供物のおさげ渡しであったという。(7)

【農耕民の信仰】

『大迫町史　教育・文化編』では、平野部の農耕を営む人々の信仰を次のように述べている。(8)
北上盆地における農耕文化は、北上川を北上し、支流の水系に沿って浸透した。

農耕をもって入植した集団は多様であり、その奉斎した氏神、農耕神も多様であった。（中略）移住した氏神により、また移住前の地方的特色により、農耕神の構成は決して単純な構成ではなかった。そのなかで、早池峰山の山神を農耕神として位置づけ、広域的な信仰に成長させた最初の要素は、水田農耕民の信仰による水分の神としての性格であった。この性格は焼畑を主とする北上高地ではなく、北上平野の稲作地帯に発生した。まず早池峰源流からの直接の水系である稗貫川下流地域に発生して、北上川下流地域に広がったと考えられる。

このように、もとは先住民と移住民とのなかで、農耕神の構成は複数存在していたことが考えられている。そのなかで早池峰山信仰は、一つは早池峰山に古来祀られる龍神の信仰、そしてもう一つは山頂の「開慶水《かいけいすい》」と名付けられた池が、平野部の水田を潤す稗貫川、北上川、猿ヶ石川の源流であることから、水分神《みくまりのかみ》として信仰される二つの信仰から成るのである。

【漁労民の信仰】

早池峰山は山当ての神として、三陸沿岸地域の漁民や航海者から厚い信仰を受けていた。早池峰山が船上にいる者の視界に入ることで、自船の所在や進路を知るための灯台的な役割を果たしていたからである。三陸沿岸地域には、早池峰講をもつ地域が多い。山田町大沢地区では早池峰山への講中をおこなっている。新しい年を迎えると、その年の当番の家に集まり、早池峰神社から宮司を頼み、「早池峰神社」と書かれた掛け軸の前で厄払いをおこなう。毎年六月に入ると、早池峰への講中の日程を決めて七月に実施し、十二月には次年度の当番と引き継ぎをして一年が終わる。また、山開きの情報が聞こえてくると、船主や船頭たちで構成されるお山講の当番が皆の都合を聞いて廻り、吉日を選んで「お山かけ」の日程を決める。出発は、夜明け前から身を清めて、神仏に灯明をあげて、早い食事を摂って出発となる。閉伊《へい》川から登山し、夕方に山麓の宿に着いて体を休めたという。翌朝、山頂にてご来光を拝むのである。[9]

このような講組織は気仙沼市・陸前高田市・大船渡市・山田町・宮古市・大槌町など三陸沿岸の各地域に多く存在している。[10] 三陸沿岸地域では、かつては「早池峰丸」と名の付く船をもつ者が多かったという。また早池峰山小田越登山路八合目付近の鉄の悌子は、三陸沿岸地域の漁業を営む人々から奉納されたものである。[11]

③早池峰山の開山伝説と修験

早池峰山の開山にまつわる伝説は、いずれも狩人の話で始まる。『山陰文書』[12]の延享元年（一七四四）書き上げの「田中大明神御鎮座申伝記」には次のような開山縁起をあげている。

大同二年（八〇七）季三月八日、兵部省為狩ニ彼嶽山ニ向フ。麓ニ於テ額ニ金星アル白色ノ鹿、何国ヨリトモナク忽然ト顕ル。兵部省奇シク思ヒ、是ヲ追テ彼ノ山ノ巓ニ登ル。然ル所ニ菟アル厳屈ノ中チニ姫神ノ尊容新タニ坐ケル。[13]

兵部省とは田中兵部ともいわれ、田中明神（現在の田中神社）神主である山陰家の祖先田中兵部卿藤原成房と伝えられている。[14] 藤原成房が早池峰山の山神の化身である白鹿を追い、早池峰山頂に達し霊告を受けて早池峰山を開山したという開山伝説が記述されている。これと同様の伝説が遠野地方にもある。

閉伊郡来内《らいない》村の始閣《しかく》藤蔵は大同元年三月一八日、狩の途中熊を追って山頂に至り、十一面観音の尊容を拝し、早池峰山を開山したという。[15]

来内村とは、現在の遠野市上郷《かみごう》町である。大同元年（八〇六）三月十八日は、八日説もあり、狩で追っていた熊は、鹿という説もある。藤蔵は山頂に本宮を建てたあと、夢のお告により始閣宮本と名乗ったという。この始角藤蔵は、「始閣」「四角」とも言われる。「初めて、神の閣を作った人物」の意味である。開山者として縁起に登場する始閣藤蔵について、菊池照夫氏は「早池峰修験と妙泉寺」のなかで、次のように述べている。

始閣藤蔵については伝承によると、気仙出身とも伊豆出身とも、また紀伊出身とも伝えられる。さらに、来内村の伊豆権現社は熊野信仰の中本山伊豆山から始閣藤蔵が連れて来たとも云われており、熊野修験との関係が深いように見える。しかしながら、来内村は近世には羽黒派の旦那場であり、また田中社の四十七代山陰氏は羽黒派であったことから、早池峰山の開山縁起と修験の関係性は明確ではない。むしろ開山伝説は早池峰に関わっていた複数の修験の宗派からの影響を受けて成立したことが考えられている。（中略）藤蔵がはたして伊豆より移住してきたか、地元の猟師出身の半俗半聖の修験者であったのか、或いは実在しない創作された開山者なのか、今となっては証明不可能の伝説上の人物である。

しかしながら、その子孫が現実に存在しているのである。「早池峰修験と妙泉寺」によれば、天文十二年（一五四三）には二家に分かれ、本家を上禰宜、分家を下禰宜と呼び、始閣の姓を分家には名乗らせなかった。本家の子孫が現在宮本姓を名乗っている。始閣家が遠野妙泉寺と正式に禰宜の関係を結ぶのは享保二年（一七一七）であったと記している。(16)

菊池氏は、早池峰修験と妙泉寺の関係について、「複数の修験の宗派から影響を受けている」と述べているが、確かに早池峰山には、熊野修験や羽黒修験などの複数派の痕跡がみられる。また狩人が山を開いて山神を祀り、後に高名な僧などに譲る形は、高野山に伝わる伝承に一部似た内容がみられる。(17) 藤原成房が白鹿を追い早池峰の山神に接する伝承は、日光山伝承を採り入れたマタギの『山立根本巻』の内容に類するものである。(18)

なお『大迫町史　教育・文化編』によれば、始閣藤蔵の民間伝承にみえる「熊を追い山神に接する」形態は、熊野・立山・羽黒山など修験の山にもみられ、祖型は熊野のそれであろうことを指摘している。[19]また同書では東北地方の寺社縁起には、大同二年（八〇七）開山説が多くみられるが、これは坂上田村麻呂の大同二年勧請説に起因するものであろうことも述べている。

④早池峰山と十一面観音

早池峰山は観音の山になる前は薬師の山であったと、大迫町周辺では伝えられている。遠野地方では後方に早池峰山、そして前方に薬師岳が重なるように見えるため、薬師岳を前薬師、これに対して、後方にある早池峰山を薬師と呼称して、早池峰山を薬師の山として捉えていた。ところが、嶽妙泉寺と遠野妙泉寺の開山縁起にはこの薬師如来が見当たらない。これについて『大迫町史　教育・文化編』では、両妙泉寺が本尊とする十一面観音を早池峰山の首座とする必要があったのではないかと指摘していて、早池峰山信仰における信仰の対象について以下のように記述している。[20]

早池峰山は最初山そのものが神体であり、その遥拝所としての祠ははるかふもとの里につくられた。山頂に登拝するようになってからは、山頂の磐座が神体とされた。やがて本地垂迹説によって薬師と習合したのである。薬師が十一面観音と首座を交代するまえの過程で熊野信仰が入った。薬師を中心にして脇に弥陀・観音が祀られ、磐座（岩屋御室）を中心に弥陀・観音の二堂を建て熊野三所権現に擬した。（中略）もっとも観音は、熊野三山における千手観音、出羽三山における聖（正）観音でなく、この地方に信仰が根強いとされる十一面観音が配置されている。

山陰兵部一族が最初に祀っていたのは山頂の磐座で、（中略）磐座祭祀の意味が薄れ、或いは露体の薬師像が腐食したとき、十一面観音を奉持する勢力がその首座を交代させたと見てよい。その先頭には妙泉寺がおり、その背後には政治勢力があったはずである。かくして薬師の山は、やがて観音の山となっていくのである。その先頭には十一面観音を本尊としている嶽妙泉寺の存在が考えられる。

十一面観音は龍神や水神・弁財天の本地仏でもある。「観音は龍神の化身」として、水の神として信仰された。よって十一面観音信仰が表面化してくるのである。また、白山信仰も九頭龍権現や龍神信仰が盛んで、川・水・泉などを守護する神仏として強化されてきた。遠野妙泉寺の場合は白山社を内神として祀っているが、その本地はやはり嶽妙泉寺同様、十一面観音である。近世に入ると、磐座に祀られた薬師如来は早池峰山から切り離されて、薬師岳に祀られた。また若宮の弥陀は中岳に祀られた。これで早池峰山の首座は十一面観音のみとなる。十一面観音は南部家の信仰でもある。その後嶽妙泉寺が、同じく十一面観音を祀る南部家筆頭永福寺の末寺とされていることなどから、早池峰山が十一面観音を信仰する山となったことは、早池峰山の祭祀権が、それまでの支配者であった稗貫氏の一門である田中一族から、盛岡南部氏支配の嶽妙泉寺に変わったことを示しているものと考えられる。

（2）　早池峰山信仰と神楽

早池峰山の古名は東根岳（根は地・水分・峰の意味をもつ）であり、それに対して、北上川を中心にして西にある奥羽山脈は西根岳（現八幡平市西根）と呼ばれた。これが中世の時期に早池峰（山からの河の水が早く流れるとの意）という山名になったと伝えられる。[21]早池峰山は地理的には同心円上に三つの地域に囲まれている。岩手県の旧大迫町（現花巻市大迫町）・旧川井村（現宮古市川井）・遠野市である。

第一章でも述べたようにこの各地に早池峰山の四つの登山口（大迫口・門馬口・江繋口・大出口）があり、またそれぞれに早池峰神を祀る寺社が存在し、早池峰山信仰と深い関わりをもっていた。[22]

岳早池峰神社（大迫町岳口・旧嶽妙泉寺池上院）の奉納神楽である岳神楽や、遠野早池峰神社（遠野市大出口・旧遠野妙泉寺自福院）の奉納神楽である大出神楽など、登山口の神社にはそれぞれの奉納神楽が存在し、「早池峰神楽」と認識されていた。

また、早池峰山を仰ぎ見る山麓地域には、古来遥拝所として設けられた社がある。それを含めて、早池峰山信仰圏内に所在する神社の奉納神楽の多くが、早池峰神楽の流れを汲むものである。この神楽は、かつて県内に一〇〇にのぼる数が存在していたといわれている。[23]

現在は岳集落の岳神楽と、大償集落の大償神楽の二つの神楽を総称して、早池峰神楽と呼ぶ。これは、昭和五十一年（一九七六）に、岳神楽と大償神楽の二つの神楽を総称し「早池峰神楽」として、国指定重要無形民俗文化財の指定を受けた経緯によるものである。以来、両神楽は「早池峰岳神楽」と「早池峰大償神楽」として周囲から認識されている。

岳神楽と大償神楽はもとを辿れば、両方とも早池峰山の最初の遥拝所であった田中神社の田中神楽から伝承されたものと伝えられている。この田中神楽はすでに廃絶している。ともに早池峰山信仰を背景に、同じルーツをもつ神楽といえる。岳神楽と大償神楽の詳細については第三節において述べる。

二　早池峰神楽の伝承地域

本節では、岳神楽と大償神楽がともに所在する大迫町の近現代の概要について記しておく。

（一）　旧大迫町の概要

①行政区管の変換

明治二十二年（一八八九）二月十六日、県令第十五号をもって町村制施行と同時に大迫村が大迫町となった。昭和三十年には大迫町・内川目村・外川目村・亀ヶ森村の一町三箇村が合併し大迫町となる。そして平成十八年一月一日に大迫町は花巻市と合併し、花巻市大迫町となった。

大迫町は北に盛岡市、北東に宮古市川井（旧川井村）、東に遠野市、東南に遠野市宮守（旧宮守村）、南に花巻市東和町（旧和賀郡東和町）、西南に花巻市石鳥谷町（旧稗貫郡石鳥谷町）、西に紫波郡紫波町との間に境界を接している。町の境域は東西二五・一キロメートル、南北一九・五キロメートル、総面積二四六・二七平方キロメートルである。(24)

②人口動態

昭和十九年（一九四四）から戦後の大迫町の人口動態について、『大迫町史　行政編』では、以下のように述べている。

昭和十九年の後半から、国策もあって戦時疎開者が増加している。このことは二十年の人口と二十一年の人口増減を比較すると理解できる。（中略）各町村とも二十年に比べ戦争が終わった二十一年は疎開者の都市復帰により減少しているからである。しかし二十二年からは各町村とも増勢に転じて町村合併の三十年を迎えているが、大迫町だけは特に昭和二十七年に一時減少している。この頃都市への流出現象が起きたためである。（中略）二十七年は戦災から復興し、都市経済が活発化したため、一時復帰を見合せていた組や、新たな都市への転出就職者らで占められた。(25)

大迫町の人口のピークは、昭和三十年の国勢調査で、一一二〇四人が記録されている。

平成十六年二月末においては、一九七〇戸、六八三九人（男性三二七九人、女性三五六〇人）と減少傾向にある。ちなみに花巻市市民登録課によれば平成二十年で、一九四二戸、六三四九人（男性三〇五三人、女性三二九六人）とさらに減少傾向になっている。(26)

（2）近現代における大迫町の産業と経済の変遷

近代の大迫町の産業は養蚕、南部タバコの生産、加工が主体であった。(27) 特に大正時代はタバコ・養蚕業が盛んで、原料生産から製品化、そして移出・輸出に至るまで、大迫町の産業の推進力の役割を果たしていた。しかしながら、タバコは官営によるものであり民営が許されず、また耕作面積にも制限のある状況であった。また、第二次産業の発展も見られず、次第に第一次産業に経済力の多くを頼る状況であった。加えて近代の交通機関である鉄道からも切り離され、かつて街道筋として栄えていた大迫町は孤立状態となり不景気をもたらした。このことにより、地元の事業者は資力を失い、生活困窮者が増えていった。これを受けて行政は、さらなる農業・林業・畜産の振興を奨励した。このなかでわずかに望みを繋いだのは、林産物に伴うところの製材業および木工業

のわずかな第二次産業製品の産出であった。(28)

①戦前の林業

昭和初期、交通輸送網の発達は、大迫地方の林産物の開発にも影響を与えた。この時代、農業を専業とし、林業は副業として位置づけられ、そのなかでも第一位を占めていた。また、需要の増大に伴う乱伐に対して、植林を強調する声も出てきた。(29)大迫町の場合は、昭和五年（一九三〇）当時の様子が『大迫町史　産業編』に次のように記録されている。

山林原野ヲ通ジ僅カニ六百余町ニ過ギサレバ、林産物トシテ挙グベキモノ甚ダ少シ。然レドモ近年殖林ニ志スモノ多ク、且ツ赤松、楢等ノ生育ニ適スル土地少カラザレバ、巧ミニ土地ノ利用ヲナストキハ、必ズ相当ノ収益ヲ挙グルニ至ラン。(30)

外川目村の場合は、『外川目村誌』に昭和六年八月調査の結果、次のように述べている。(31)

林業も亦、本村トシテ重要ナル産業ノ一ニシテ、其ノ生産額ハ副業中第一位ニアリ、将来益々指導奨励スルノ要アリ。

木炭	二四一、四四〇貫	三九、八三〇円
用材	三、三三〇石	九、五六〇円
薪炭材	五四〇棚	二、七〇〇円
竹材	六〇把	一五〇円
其他		一四、二三九円

合計　六六、五六九円

②木炭生産・薪生産

木炭はかつて大迫地方の町村のほとんどで生産されたが、内川目村が群を抜き、外川目村がこれに次いでいた。そのため大迫町は木炭の集散地となっていた。『大迫町郷土教育資料』によると製炭従業員は専業者が少なく、大半は山村農家による冬期間の副業であったとされる。また、戦争により石油をめぐる国際環境が厳しくなり、国内では代替燃料として木炭が注目されるようになった。国内の木炭ガスを燃料とする自動車は、第二次大戦中によく見られたが、その最初の出現は昭和六年である。そうした事情を背景に、林業生産はその後上昇を続け、戦時統制時代を迎えた。

『内川目郷土教育資料』によれば、その炭焼窯数は、昭和十年・一六六基、同十一年・一七二基、同十二年・一七四基、同十三年・一八〇基、同十四年・一八三基であった。[32]

③戦中・戦後の林業

大迫地方は山林資源に恵まれているため、戦中・戦後を通じて、用材、薪炭などを主体に地域内外の需要をまかなってきた。特に戦後は東京を中心とした都市の、戦災復興のための木材需要が激増し、盛んに移出され、木材景気に沸いた。[33]

大迫町では、林産物は業者で構成された組織によって、その三分の二を東京方面に出荷した。ちなみに、昭和二十五年度の林産総生産額は大迫町が三五七万六〇〇〇円、内川目村二四〇〇万円、外川目村三七五万円、亀ヶ森村四二〇万円であった。[34]しかし、こうした木材景気は確かに経済を活発化させたものの、一方で無計画な乱伐による山林の荒廃等の問題も生じた。[35]

④戦後から高度経済成長期にかけての林業

戦後以降の大迫町の林業の状況について、『大迫町史　産業編』では以下のように述べている。[36]

昭和三十年代に家庭燃料を中心とする、いわゆる「燃料革命」が起きるまで、薪、木炭は家庭燃料の中心を占めてきた。したがって当地方においては、特に戦中、戦後と薪・木炭の生産が山村農家経済の重要な収入源となっていた。昭和二十六年『内川目村勢要覧』によれば、薪の生産が八五一〇石、炭材が三万六八八〇石で木炭七万俵を生産していた。同年、大迫町でも薪一一四〇石、木炭三四四〇俵を生産している。亀ヶ森村は昭和二十八年度に薪二八〇〇石、木炭一万俵を生産している。一町三箇村合併後の昭和三十年版『町勢要覧』によると、全体の生産量は薪材五四〇〇間、木炭が十五万四七七〇俵となっている。

薪・木炭の消費が低迷し、生産高にも影響が出始めるのはその後である。家庭電化が進み、都市ガスのほかにプロパンガスの普及があり、薪・木炭の価値が下落し、薪炭材の価値も低下した。（中略）

一方、三十年代後半から四十年代にかけて、木炭生産も大量生産を目標として大型の庭先炭焼窯が出現する。当地方では内川目農業協同組合、村田金平商店などが設置して生産を始めたが、五十年代に入って生産が中止された。薪は冬期のストーブ燃料として細々と利用されていたが、町内で最も大口消費であった小学校は昭和五十五年度を最後に薪から灯油燃料に切り替えられている。

木材にしても、それまで良質な建材としての杉、檜の生産が大迫町の重要な収入源の一つであったが、海外の安価なラワン材などの進出により衰退をみる。こうして近代以降、葉タバコや養蚕業にかわり大迫町の経済を支えてきた林業も、昭和の高度経済成長期をむかえるとともに衰退していく。

この大迫町の、近代から現代までの産業と経済の変化が、早池峰神楽を担う岳や大償の人々の生活にも大きく影響を与えることになる。町の経済の低迷のために職業を得ることができなくなった人々は、町の外に仕事を探し求めるようになり、神楽衆もまた同様であった。山林業が栄えていた当時は、土地をもたない彼らは、「山の旦那さん」と呼ばれる山林地主のところに行き、山の仕事を得ていた。しかしながら、町の林業の衰退とともに彼らもまた、生活のための現金収入を得るために、外の土地に職業を求める必要性が生じた。以降、彼らの生活形態が変化していくのであるが、このことはその後の神楽のあり方にも変化を及ぼした。

三　早池峰岳神楽と岳集落

(一)　岳集落と神楽

岳神楽が所在する岳集落は、旧稗貫郡大迫町(現花巻市)の内川目に位置する、早池峰山麓の西面の登山口に開かれた、十三戸の小さい集落であり、大迫中心まで徒歩四時間半、およそ一八キロメートルの位置にある〔写真4〕。

近世にはこの集落は、早池峰権現を祀る新山宮と嶽妙泉寺を中心に、六坊の修験者と四軒の禰宜、一軒の神子から構成されていたと伝えられている[37]〔図表2〕。六坊の者は、寺の執務を執りおこなうほか、神の化身である権現を奉じ神楽を舞い加持祈禱をおこなっていたことが、『嶽妙泉寺文書』の「年中行事日記」[38]などから読み取ることができる。文禄四年(一五九五)の銘の入った獅子頭の権現〔写真5〕が保存されているため、室町時代末には神楽がおこなわれていたとされる。(39) 現在もこの六坊の子孫が中心となり神楽を守っている〔写真6〕。

写真4　岳集落（大迫内川目）
（撮影：佐々木秀勝氏）

写真5　文禄四年獅子頭の権現
文禄4年（1596）銘（岳早池峰神社所蔵）。

写真6　山頂で権現舞を奉納する岳神楽衆
六坊の子孫。神楽衆は長男で構成される。早池峰山の山開きの日、山頂にあがる。

（2）嶽妙泉寺の変遷

①嶽妙泉寺の由来

嶽妙泉寺は十四世紀に円性阿闍梨により開創されたことが伝えられている。縁起は明暦三年（一六五七）の『早池峰山由来記』、ほかに『山陰文書』「田中大明神御鎮座申伝記」に記されている。正安二年（一三〇〇）、越後の僧円性阿闍梨は諸国行脚の折、当地で神託を受け、河原の坊の遺跡を岳に再興し新山宮とした。現在の岳早池峰神社である。また、円性はこの地に一寺を建立して妙泉寺池上院と命名し、自ら早池峰大権現別当となった。(40)

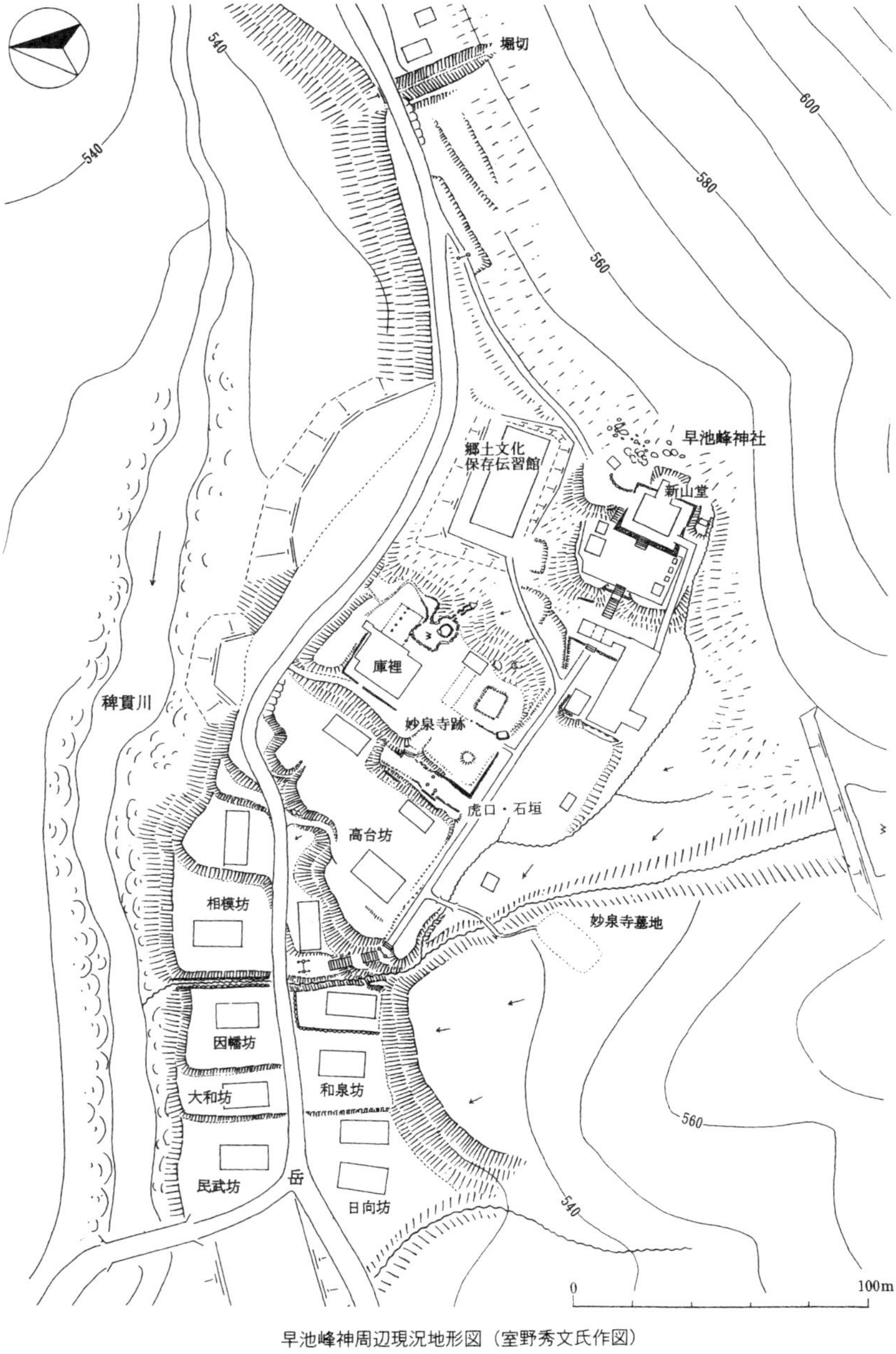

早池峰神周辺現況地形図（室野秀文氏作図）

図表 2　岳集落（花巻市教育委員会『妙泉寺文書』2006年より転載）

文亀元年（一五〇一）正月、新山宮は焼失し、後に再建されたが、永禄三年（一五六〇）には再び火災にあったことが伝えられる。このためか、慶長期以前の嶽妙泉寺の史料が発見されていない。

また、『山陰文書』では嶽妙泉寺開創を、文保年間（一三一七〜一九）としている。

文保年中、越後国円性阿闍梨と言う僧、諸国修行して閉伊郡鎌津田村へ来たりし時、其村の者共、東嶽へ参詣致由を聞きて、円性も参詣致度とて道者ニ同道して参りける。中ニも麓の三右ェ門先祖ガ情を懸て同道す。円性東嶽へ参詣して、山の景気殊勝成を見て麓ニ止リ庵を結て住ける。参詣の道者に勧進ヲ乞て寺を立て、又巓へ宮を立て大宮ト名づけ、往昔よりの宮ヲバ本宮と号す。(41)

文中の「三右ェ門先祖」は左京といって、大乗坊（大善院）鎌津田家の先祖であることが『大迫町史　教育・文化編』に記載されている。(42)

②嶽妙泉寺の変遷

天正十八年（一五九〇）に稗貫氏と大迫氏が没落し、南部信直が和賀・稗貫・紫波を秀吉から拝領する。その後、文禄二年（一五九三）に不来方（現在盛岡市）に築城許可を得る。(43)これより盛岡南部氏と嶽妙泉寺との関係が始まる。盛岡南部氏が嶽妙泉寺を、盛岡藩筆頭寺である永福寺の末寺として取り込み、東の祈禱所として庇護、そして支配してゆく様子がみられる。

また文禄三年四月八日銘の嶽妙泉寺の厨子には、十一面観音・阿弥陀如来・虚空蔵菩薩が納められている。十一面観音の台座下には「文禄三年甲子四月二十日　権大僧都法印高雅」との銘がある。高雅は嶽妙泉寺十世である。十一面観音は南部家の信仰であり、早池峰山の祭祀権が田中一族から妙泉寺へ移行したことを示す。この時

から盛岡南部氏とその祈願寺永福寺の支配のもとに新しい嶽妙泉寺の基が作られる。(44)

慶長年間（一五九六～一六一五）に、嶽妙泉寺が新義真言宗豊山派盛岡山永福寺の支配下となる。永福寺は、南部家の祈願寺であり、盛岡藩の冠寺として城下寺院の筆頭に位置し、嶽妙泉寺はその支配下として席順は城下七箇寺目とされ、盛岡城においては御敷居内に入ることを許された。これと同時に嶽妙泉寺は盛岡藩主の祈禱所とされた。(45) また、盛岡城府都市計画の一環として嶽妙泉寺の盛岡宿寺が加賀野に建立される。嶽妙泉寺の文書はここに保管されていたとされるが、数度の火災により現在は残されていない。(46) 慶長七年（一六〇二）には南部信直の嫡子である利直が、早池峰山頂上の若宮（阿弥陀像を安置）を再興しており〔写真7〕、さらには慶長十二年（一六〇七）八月四日に、利直が黒印状をもって寺領一五〇石と三十六箇山を嶽妙泉寺に寄進している。この黒印状は妙泉寺に関する文書記録としては最古のものである。(47) 妙泉寺第十一世法印宥偏《ゆうへん》（高雅直弟・慶長十五年没）の時であるが、この時十一世が退いていたために、黒印状は第十二世快遍《かいへん》宛てとなっている。

写真7　早池峰山頂に祀られる若宮

天明二年（一七八二）六月に嶽妙泉寺が支配寺永福寺に対して書き上げた『早池峰山麓稗貫郡嶽妙泉寺境内之堂社書上帳』によれば、

一、新山堂・薬師堂・舞殿・大鳥居・客殿一・慶長十五庚戌年ヨリ同十七
　年七月迄、利直公御造宮被成下

とみえる。(48) 嶽妙泉寺「奉造立」にあたって利直は「御蔵米百駄　人足三千人金子三枚」を合力し、大迫村のうち、知行地をもっていた田中彦右エ門（二代目田中清六正繁）が「金子壱枚　人側二千円」を寄進している。(49)

明暦年間（一六五五〜五八）には、遠野妙泉寺との本末表裏争論（早池峰山本宮の祭祀権の争い）が起こる。十七世快秀の時である。盛岡藩と支配寺永福寺のほか、幕府まで巻き込んだ争論であるが、その記録は永福寺の延宝八年（一六八〇）正月の炎上や、安永七年（一七七八）の盛岡大火での加賀野妙泉寺（嶽妙泉寺盛岡宿寺）の類焼により失われた。争論の顚末は『早池峰山由来記全』に要約されている。(50)

延宝二年（一六七四）十二月二十二日に、嶽妙泉寺は京都御室御所仁和寺の直末寺となる。同時に同寺所持の賓光院の院跡の兼帯を許される。第十八世快慶の時代である。この快慶の時に、一五〇石に三十石を加増されたが、宝永四年（一七〇七）に加増された三十石が現米二十石に減俸されている。(51)

享保十四年（一七二九）に、妙泉寺第二十世義灯《ぎとう》が京都仁和寺（真言宗）へ継目御礼に上京している。この時、

義灯尊師之代、至ニ吉田家、賜裁許状（下略）(52)

とみえているので、この上京の折に門前六坊が同行していて、京都吉田家の「神道裁許状」を得て神職となったと考えられている。その後六坊は、社家を名乗るようになる。これより嶽妙泉寺社家から吉田神道が大迫地方に伝えられたのである。

寛政七年（一七九五）五月十日、南部利敬が公職につき、初めて盛岡に帰る。これより後、利敬の神道化政策が始まる。文化九年（一八一二）十月の六坊に対する「戴拝状、官服御取上」（『嶽妙泉寺文書』）や、同じく文化九年の「寺院・修験持の神社悉く御取上、神道に御預け」などが藩命により執行された。(53)

また同年には神道布令により、獅子舞神楽一統御差留となっている。これによって、嶽妙泉寺は早池峰山祭祀や儀式等に支障をきたし、同月ただちに支配頭の盛岡永福寺を通じて遠野妙泉寺とともに藩に窮状を訴えている。(54)

同十二年、六坊は黒森山別当澤守（津守とも記載あり）兵庫の支配となり、嶽妙泉寺からも一時離されることと

なる。[55]これらの一連の動きは南部利敬の神道化政策に端を発しており、修験神楽差留・修験による市神祭祀差留は一種の神道化政策の一つであった。

文政三年（一八二〇）六月三日に南部利敬は在職三十七年で没した。その後、天保三年（一八三二）に柳田上総らが、吉田家から再び裁許状を得て、「門前六坊」が復活する（天保六年『嶽妙泉寺文書』の「妙泉寺古什物帳」に記載）のであるが、妙泉寺はこの記録をあまり残してはおらず、『山陰文書』の祭事日記がこれを伝える。[56]

文久元年（一八六一）に、第三十一世円能法印が妙泉寺後住となる。円能は、弘化二年（一八四五）に大本山大和長谷寺小池坊へ修学登山し、翌年権大僧都法印の免許を取得し、その後に妙泉寺後職となっている。

写真8　岳早池峰神社（大迫町内川目岳）
明治以前は、嶽妙泉寺。近世初頭盛岡藩の三鎮山の一つ（東の鎮守）として庇護される。　（撮影：佐々木秀勝氏）

明治三年（一八七〇）、神仏分離令により嶽妙泉寺は廃寺、新山宮が郷社早池峰神社となる。円能法印は大沢廣と名を改めて、早池峰神社神主となる。[57]同六年に郷社となり、大正十一年（一九二二）には県社に昇格した。現在の早池峰神社社殿は、慶長十七年（一六一二）に南部利直が大旦那となって建設したもので、入り母屋造り銅版葺きで、県の有形文化財となっている〔写真8〕。

（3）六坊

近世期、嶽妙泉寺の神事や実務に従事していたのは門前六坊の人々であった。六坊の人々は、神の化身である権現を奉じて神楽を舞い、加持祈禱を行っていた。この六坊についての記録は、岳集落の火災や洪水のために多くが消失しており、当時の彼らの生活の状況を具体的に知ることは難しい。ここでは『嶽妙泉寺文書』や先行研究などから六坊がどのような人々であって、どのような生活をしていたかについて触れたい。

①六坊の発祥

嶽妙泉寺における六坊の発祥年代は、史料が残されていないために不明である。ただし、早池峰山の祭祀権を嶽妙泉寺が得る慶長以降であることが考えられている。

大迫町史によれば、『山陰文書』「由緒書上」の以下の箇所をあげて、

当家の神職をハ、其以前麓へ妙泉寺出るより、（中略）麓へ集ル民家を当家より神楽神事を教て、神之大夫代まで宮にて召仕ひ申候。（中略）其者共ハ又妙泉寺の手に渡りて、六向の名を付て山伏になして召し仕れ申候。(58)

「妙泉寺が岳にできてから、その周辺にだんだん民家が集まるようになってきた。田中の山陰家ではその者たちに神楽神事を教えて、山陰四十六代神之太夫（重房）の代まで田中神社の支配下にあったが、宮松（善長）の代に修験者になるに及んで、妙泉寺の支配下となった。妙泉寺では六合（天地と四方の意、六方と同意）の名をつけて山伏になして召仕う」(59)

と叙述している。

また、『山陰文書』の次の箇所より、六坊とは「六坊小寺」の意味であり、宿坊であったと説明している。(60)

前ハ麓の寺の辺に六向(合)小寺在りし、今は無し。大乗坊、東林坊、常楽坊、蔵本坊、明学坊、文殊坊。

また、『嶽妙泉寺文書』の寛政六年(一七九四)「年中行事日記」には、

一、六坊号　義灯尊師之代、至吉田家、賜裁許状。依之号。社人以前ハ修験之類歟、不詳。

一、大乗坊　一、常楽坊　一、東林坊　一、妙学坊　一、蔵本坊　一、教学坊[61]

と、吉田家所属以前の六坊の名が見えている。このうち、明学坊と東林坊・常楽坊が本山派修験として横川良助の『内史略』に記されている。

六坊については、現在のどの坊の祖先かがおおよそ判明している。東林坊は柳田大和の先祖で、常楽坊は小国日向家墓地に「諦岳常楽霊位」寛延二年(一七四九)九月三日の墓碑があり、その祖先と考えられている。大乗坊は鎌津田相模家、妙学坊は上林和泉家であるとされる。蔵本坊については、ほぼ小国因幡守と推定されている。教学坊は鎌津田民部の祖とされる。その根拠は、『妙泉寺文書』に「教学坊が稲荷社を祀る家である」との記載があるためである。[62]六坊の各家では、妙泉寺境内に弁財天や稲荷社、白龍などそれぞれの氏神をもっていたのである〔写真9〕。

写真9　六坊の氏神(早池峰神社境内)
神社境内に、六坊の氏神(天神・稲荷・弁財天・白髪・白龍・不動尊)が祀られる。

②六坊の身分と役割

本田安次氏の『日本の伝統芸能』の「採訪録」によれば、岳集落と六坊について以下の記載がある。

郷村志によると、寛政十二年の頃には、此処には七十四軒の家があっ

たらしいが、鎌津田林之助翁（昭和六年七十五歳）の談によると、御維新まで踏み止っていた家は、お山の祭祀一切を司っていた岳妙泉寺（中略）を除くと、僅か十一軒で、その内訳は、六部の家が六軒（鎌津田相模守、小国因幡守、柳田大和守、鎌津田民部、小国日向守、上林和泉守等を夫々名乗った家）、下禰宜が四軒（今の小国末吉氏、上林時造氏、伊藤寅吉氏、伊藤鐵之介氏）、神子の家が一軒（小国氏、最後の神子は小国郡右衛門氏内）であった。（略）

岳の神楽は、もともとこの六部が下禰宜も加えて演じたもので、民家では岳神楽の楽人を、ねぎ様と呼んで居り、一般にはやはりこの神楽を山伏神楽と呼んでいるにかかわらず、岳自身では自家のを神道神楽と称し、（中略）もともとここには古くから湯立ちの神楽もあったらしく、神道と称するのはその故と思われる。

是等の神事に携わっていた人々は皆無役で、妙泉寺別当の下にあり、高一石宛を領し、六部は月に三度、妙泉寺に伺いに出た。又、正月その他何かというと南部家にお礼言上に参上したもので、この時には別当は、網代の籠に乗り、両側には二人の伴を連れた。（中略）尚神子は、三月と八月の御祈禱日（もと毎月十七日と二十八日とがその御祈禱日に当たっていた。）その他に湯立てや神子舞を演じ、又託宣などもしたものである。昔は川東なら学者は岳にありとさえ言われていたという。[63]

この『採訪録』の中では六坊を六部と記載している。

『妙泉寺文書』の「年中行事日記」や「毎月御湯立神楽」の項には、六坊の人々による「湯立て神楽」「神子舞」、そして藩主やその家族に対する祈禱もおこなわれていたことが記されている。[64]

一月次御湯立、幕前、六坊神子並下禰宜共不残相詰、御湯立、神子舞　（年中行事日記）

毎月御湯立神楽　一殿様　一奥様　一辰之助様　一万之助様　一肥前守様奥殿（以下略）（毎月御湯立神楽）

また例大祭についても、旧八月一日から祭りの準備をはじめ、二十八日にはお旅所の掃除、そして旧九月一日に祭礼を行い、夕方から神楽を奉納、終了後に直会をはじめ、翌朝本堂でのお勤めの後に神楽を奉納し、その後新山宮へご神体が戻り、「権現舞」で例大祭が終わるというように、妙泉寺を中心に六坊の人々により現在とほぼ同じ手順でおこなわれていたことがわかる。

六坊の人々は家族単位で居住し、寺の仕事や神事に従事して、わずかな畑の作物と冬期の廻村巡業で神楽を舞い、加持祈禱をおこなうことで米などの供物を得て生活していた。

特に元禄から弘化の一六〇年間に多発した凶作に伴って飢饉が発生したときに、農民は五穀豊穣と悪疫の退散を祈るために自分たちの神楽をもとうとし、また六坊は生活のために山をおりて神楽を教えたことで、この時期の東北の貧困農村に、岳神楽の流れを汲む神楽が広まっていったと、これまで考えられてきた。

以上、六坊について触れてきたが、前述のように元は修験山伏であった六坊の人々は岳集落に居住し、嶽妙泉寺の執務をおこなっていた。その後、嶽妙泉寺が盛岡藩の東の鎮守と定められてからは、六坊の人々も高一石を与えられるようになり、盛岡藩の支配下で嶽妙泉寺門前六坊として寺に仕えることとなった。享保十四年（一七二九）に六坊は嶽妙泉寺の意向により、吉田家に入門し裁許状を得て社人となり、このときから六坊は「守」を名乗るようになる。また、文化・文政期には南部利敬の神道化政策により翻弄されていく。さらに明治期には、平民となり農林業と炭焼きを生業として生きてゆくこととなる。このことについては、改めて第六章でその詳細を述べることにする。

（4）岳集落の生活

明治期以降、六坊の人々は帰農し、その後の彼らの子孫は、林業もしくは農業を生業とした。いわゆる「山の旦那さん」と呼ばれる、山林地主の山で木挽きをし、大工仕事などをおこない、あるいは自家で炭焼きをした。また冬は廻り神楽に出て食料などを得て、夏は登山者の宿や先達となって生活を支えていた。神楽衆からの聞き取り調査による、昭和二十年代の生活の様子をここに掲載すると、

「当時、岳から大迫の町までおよそ一八キロメートル、四時間半かかった。九日、十九日、二十九日の月三回は大迫町の市日であり、母親と一緒に下った。夜が明けると出かけて行き、昼ころ町に着く。米を二斗手に入れて運んできた。岳では米が取れなかったので貴重であった。家に戻るころにはすでに暗くなっている。その頃はまだ電気が十分に通っていなかったので、岳から四キロほど里に下る大又部落まで、家の人がちょうちんをもって迎えに来てくれた。米の他には魚を手に入れた。今のように冷蔵庫も無いので、保存のために塩を大量に使ったものであった。焼くと塩が真っ白に浮いて塩辛かった」

というものであった。道路の整備が進められたのは早池峰ダムの建設が行われた昭和六十年代であり、それ以前は大迫の町から岳集落へ向かう道のりは、険しいものであったことがわかる。当時の岳集落の人々が、生活に必要な物資を里まで調達しに出向くことの苦労がうかがわれる。また、山の仕事に関しては以下のようである。

「当時、山林にわずかながらの畑を作っていた。そこでは野菜、タバコの葉、五穀など作った。粟から始まり稗・大豆・あずき・そばの順に植えて、五年かけて一巡し、その都度収穫すると「はんぬき」をして木を植える。二十から三十年間ほど木が育つまで放置しておく。槙や杉の木を植えたが、杉はとても良く売れて結構なお金になった。建材や線路の枕木として値段が良かったので、伐採後すぐに売りに出した。杉は三反

部も売れば一年は生活できる。三十年ほど前までは、安くても売れた。木が成長し伐採の後は、また粟から播いて五年かけて一巡し、そばを播けば終わり、「はんぬき」をしてまた木を植える事を繰り返した」

このように、昭和二十年代では農地を若干所有しているものの、米が採れない土地柄のため田はもたなかったという。早稲系の品種改良が進み、少々の米と粟・稗などの五穀や野菜などを作れるようになったのは、戦後の昭和三十年代であった。

岳集落の人々は昔から「自分の土地をもつ」という感覚がなかったそうである。彼らはもともと農民としての性質をもたなかったが、その状況が変わる。

「神社の背面は国有林であり、父親の代からは、営林所の管理で勤める者が数名いた。昭和四十年頃に、営林署の土地の払い下げがおこなわれ、殖林や炭焼きをするようになった」

このように、時代の推移につれて生活のために自分の土地をもち、生産することも可能となった。

また、以前から営んでいた宿坊については、昭和四十年から五十年頃には岳の十一軒すべての家で、山の案内と民宿業を営んでいたが、後に消防署や保健所の水・衛生面の関係で経営が難しくなってきたとのことである。現在は一軒だけが宿坊を営む。

岳集落の信仰については、各家々の床の間には、「早池峰大権現」や「早池峰大神」と書かれた掛け軸が掛けられ、その前方には山の神の化身とされる獅子頭の「権現様」が祀られている。「権現様」は、守り神とされており、水や米などの供物をあげて朝夕に拝む。新しい獅子頭の権現を寄進されると、それまでの古い獅子頭は「御隠居様」と呼ばれ、いずれかの神楽衆の家の床の間に大切に保管される。神楽衆の家で不幸ごとがあったときは、「権現様」を隣の家にあずける。その際、忌みのあった家の者は四十〜五十日間は神楽を舞うことはでき

写真10①　岳早池峰神社例大祭
例大祭には、各家の権現様ご隠居様が「神社に遊びに集まる」。

写真10②
近隣の集落から権現様が集まる。子供たちの神楽(しんがく)に合わせて群舞する。

写真10③
お通りの様子。猿田彦や修験山伏に扮した人々が獅子頭を奉じてお旅所まで行列する。

写真10④
例大祭での神事の様子。

ない。出産があるときも同様の期間は神楽を舞えない決まりである。

岳早池峰神社の例大祭（八月一日）のときには、神殿に「権現様」と「御隠居様」を「遊びに」行かせる。近年は「権現様」が多くなってきたために全部を遊ばせることができなくなってきた。四十体もの「権現様」や「御隠居様」が集まったこともある（写真10）。

（5）岳神楽

神仏分離後の岳神楽の特徴と芸態について、『岩手県の民俗芸能』[65]『早池峰神楽』[66]などを参考および引用し、以下に述べる。

①特徴と奉納時期

岳神楽は早池峰神社（瀬津織姫を祭神とする）の奉納神楽である。早池峰神社の例大祭（八月一日、宵宮七月三十一日）に神楽殿にて、神楽を奉じる〔写真11〕。その他の上演の機会は、舞初め（一月二日）、早池峰山の山開き（六月の第一日曜日）〔写真12〕などであり、その他、町内の神社の祭礼や各種の芸能大会、あるいは年祝い・新築祝い・結婚式などの祝い事に招かれることもある。以前は旧十一月から二月にかけて内川目など近隣の集落を廻り、「門打ち」と称して各家で火伏せ祈禱の「権現舞」をおこない、また夜は宿となる民家の一室（神楽宿）で注連縄を張りめぐらして舞台とし、夜神楽を演じた。この廻村巡業は「廻り神楽」と呼ばれ、同じく大償神楽の廻村巡業である「通り神楽」と双方一年交替で、昭和のはじめまでおこなわれた。その後、名残の慣行が昭和二十年頃まで続けられていたという。岳神楽の特徴は五拍子を基調

写真11　岳早池峰神社神楽殿「快慶荘」
例大祭の宵宮（8月末日）で岳神楽と大償神楽、そして早池峰神楽の流れを汲むいくつかの神楽が奉納される。

写真12①　早池峰山お山開きの様子
例年（6月第2週）、遠野早池峰神社と岳早池峰神社の両方の神官が山頂に出向き、祝詞をあげる。

写真12②　山頂で「権現舞」を奉納する様子
岳神楽衆がこの役割を担っている。

とし勇壮で激しい舞いであるという。

また岳神楽と大償神楽は表裏一体をなすといわれ、山神の面が岳では口を閉じた「吽《うん》」の形であり、大償のそれは口をあけた「阿《あ》」の形である。

②構成

囃子と舞手からなり、囃子は胴取り（太鼓）、笛（若干名）、手平鉦（若干名）、および舎文（言い立て）の唱え手である。

岳神楽が昭和のはじめ頃までおこなっていた「廻り神楽」の際には、胴取り一名、笛一名、手平鉦二名、楽屋方および舞子が五～七名程であったという。現在も神楽をおこなうには、舞い手の一番少ない「権現舞」の場合でも、舞い手二名、胴取り一名、笛一名、手平鉦二名、舎文の唱え手一名、幕出し一名と、最低七～八名の神楽衆が必要である。

③衣装

それぞれ仮面をつけ、烏帽子・鳥かぶと・采《ざい》（髪の毛をあらわすかぶり物）などをかぶり、神舞は千早《ちはや》・脱垂・袴姿で、女舞は振袖姿が一般的。役によっては手の中指にクジ（力紙）をつける。採物は扇・鈴木・太刀・幣束などで、囃子は白衣に袴である。(67)

④演目・芸態

演目は約四十番で「式舞」（座舞・役舞）と「式外」の舞に大別される。式外の舞には神舞・荒舞・女舞・武士舞（番楽舞）、および権現舞がある。まず式六番を演じた後に、それ以外の舞に移り、最後に権現舞をおこなう。昼夜通しの場合は夜神楽の最初に裏六番を演ずる。式舞は、浄め・招魂・鎮魂・予祝・託宣などを内容とし、①「鶏舞」～（二人舞）、裏舞は「四人鳥舞」。②「翁舞」～（一人舞）、裏舞は「松迎え」。③「三番叟」～（一人舞）、裏舞は「裏三番」。④「八幡舞」～（二人舞）、裏舞は「裏八幡」。⑤「山の神舞」～（一人舞）、裏舞は「小山の神」。⑥「岩戸開き」～裏舞は「本開き」、の順序。神舞は記紀や風土記の神話を内容としており、「水神」「天照五穀」「天王」などがある。また、荒舞は神歌や詞章がなく、密教や修験との関わりが強い鎮魂・悪魔退散の舞で、「諷誦《ふうしょう》」「龍殿《りゅうでん》」「笹割り」などがある。女舞は、女の怨念とそれを救う修験者の法力を主題とし、「機織り」「鐘巻」「天女」などがある。武士舞は『平家物語』などを題材とし、「鞍馬」「屋島」「木曽」などがある。(68)

これをすべて習得するには、およそ二十年かかるといわれる。習う順は以下のとおりである。

三歳から「神楽《しんがく》」をはじめ、小学校六年生までこれを習う。次に「神楽」と足の使い方が共通する「三番叟」を習い、次に神楽の基本である「鶏舞」を習う。「鶏舞」の次には「八幡舞」、そして荒舞の入り口となる「龍殿」、さらに「天降り」を習い、その後も「笹割り」「五穀」などの荒舞を習っていく。そして「山の神舞」が舞えるようになると、ようやく一人前とみなされる。これができるようになるまでにおよそ二十年かかるという。

演目の難度によっても異なるが、基本的に一つの演目を一冬かかって覚えて、それを繰り返し学んでいく。とくに「山の神舞」は重要であって、これができないと師匠あがり（師匠から卒業）ができない。そして、多くの演目の最後に、いよいよ最重要とされる「権現舞」を学ぶのである。

⑤音楽・詞章

囃子は太鼓・笛・手平鉦で、五拍子を基調とし勇壮で激しく舞うといわれる。舎文は近代までは口承伝承とされていた。とくに明治三年の神仏分離令後、舎文の内容のうち一部、「仏」についての部分が「神」に修正されたものが現代に伝わっているらしいが、修正前のものが残されておらず、旧舎文の全容は不明である。

四　早池峰大償神楽の成立と変遷

本書では、大償神楽とその弟子については詳しく言及しないが、早池峰神楽とは岳神楽と大償神楽の総称であるため、ここで大償神楽の概要を述べる。

大償集落は、岳集落より一二キロメートルほど下がった平野部にあり、大迫町内川目に位置する。

大償神楽はこの集落の大償神社の奉納神楽（例大祭九月十五日）である。神楽は、大償神社の別当佐々木家を中心とした六軒の「神楽の家系」の人々により守られてきた。七拍子を基調としたゆるやかで繊細な芸風が特徴といわれる。

昭和のはじめまで（おそらく昭和十年頃まで）、旧十一月から二月にかけて、「通り神楽」と呼ばれる廻村巡業をおこなっており、近隣の集落を岳集落の「廻り神楽」と一年交代でまわっていた。岳神楽同様、その後しばらくの間はなごりの慣行がおこなわれていた。

大償神楽も岳神楽と同様に、早池峰神社の最初の遥拝所であった田中神社の田中神楽から伝授されたことが『山陰文書』に記されている。

大償神社別当である佐々木家に所蔵されている『日本神楽之巻物』には、

長享二年戊申正月十一日　田中明神神主より大付内別当江(69)

との記事がある。このことから、長享二年（一四八八）に田中明神神主から大償の別当であった修験幸林坊へ、神楽が伝わったことがわかっている。元禄年間（一六八八〜一七〇四）に、大償別当である幸林坊から、佐々木家へ別当職が移り、その後も佐々木家の子孫により別当職が受け継がれて現在に至る。幸林坊が田中神社から伝授された神楽も、その後は佐々木家が継承している。これ以降、幸林坊の名前が記録に出てこないため、家が途絶えたことが考えられている。幸林坊に代わって隆盛を極めたのは、野口の市乗院と宝鏡院である。佐々木家と野口の修験は神楽を通して関わっていく(70)。

寛保二年（一七四二）に山陰家第五十代山陰宣房が上京し、吉田家に入門する。裁許状を得て、讃岐守宣房と名乗る。その翌年の寛保三年に大償別当佐々木市之助が山陰家に入門し、佐々木織江吉郷を名乗るようになる。延宝六年（一六七八）には田中家の田中万宝院が亡くなるのであるが、その際に、佐々木家と野口の修験が駆けつけた史料が残されているので、佐々木家は最後まで神楽の師である田中家との交流を保っていたことがわかる。この時代の神楽はすでに大償の禰宜により支えられていた。野口の修験が「霞」（＝公的に認められた宗教的活動範囲・縄張のこと）としていた範囲の社寺の神事には、大償神楽をともなっていたことが記録に残されている(71)。

藩政後期には、宝乗院善妙が大償野口式を唱えて神楽をおこなうようになる。これより大償神楽のいくつかの流派が形成されていく。寛政七年（一七九五）から文政三年（一八二〇）の間は、南部利敬の神道化政策を受ける。岳神楽同様に獅子神楽御差留の沙汰を受けて、文化九年（一八一二）には嘆願書を提出している(72)。その後、三町の初市における制札場前の市神祭祀を山陰家から命じられ、復活した。

近代以降、神楽は別当佐々木家を中心に地域住民の手により守られている。

五　早池峰岳神楽の近現代

(一)　岳神楽の近現代

岳神楽とそれを取り巻く大迫町の、特に戦前・戦後および高度経済成長期を経て現在に至る過程について、岳神楽の鎌津田温氏（保存会前会長、昭和十年生）より、聞き取りした内容を中心に述べる。

①戦前〜戦後および高度経済成長期の岳神楽

【戦前】

昭和のはじめまでおこなわれていた「廻り神楽」を経験した神楽衆はもう存命しないのであるが、数年程「廻り神楽」のなごりの慣行がおこなわれており、鎌津田氏はそれを記憶にとどめている。鎌津田氏が語った当時の廻村巡業の様子を以下に記す。

「廻り神楽ではないが、東和町の小山田へ正月の半月くらいの間、神楽をして廻った。式六番を舞い、集落の人は権現様に無病息災を祈って頭をかじってもらった。このとき供物として米をもらい、それを皆で分けて、正月や盆まで大事に食べた。この半月以外は山の仕事（春は伐採・山の山菜採り・魚釣り、冬は木炭）をしていた」

「廻り神楽のときは、「おらほ（わたしの家）でも、おらほでも」と、神楽宿をかって出た人達もいた。東和町には弟子神楽があって、そこへ呼ばれて神楽を舞にいった。昔は女性が神楽衆に奉公するとお産が楽になると考えられていたので、白足袋を頂いたり洗濯をしてもらったり、衣装を借りたりした」

「蕨丘という所は大変な衣装持ちで「これを着て神楽をやってくれ」と何十枚も衣装を出されたので、持っていった衣装を着ずに出されたものを着た。女物なので寸法が合わないなど、躊躇することもあった。廻り神楽の際は、近隣の集落、特に弟子神楽のある遠野や紫波方面などに呼ばれて行くことが多かったようだ。当時、祝い事のある家に呼ばれることも多かった。元旦の門付けでは、早朝数キロ程下った白岩集落へ、権現様を背負っていく。集落に到着すると、家々の屋敷神に祈禱を捧げ、新しい年が来たことを祝う。祝儀と酒を用意して、集落の人々が迎えてくれた。各家で権現舞を舞い、その家の繁栄を祈る。舞の途中布をねじって尾を作り、「体内めぐり」をおこなう。年男・年女・子供などが三周その尾をくぐる。また家の人達皆の頭を権現様に嚙んでもらう。そうすることで今年も無病息災、権現様に守って頂けるのである。あわせて権現様は口にくわえた柄杓で家の四方へ水を播き、今年一年の火防を祈る」

また、当時の神楽の継承は世襲制であり代々その家の長男が神楽を継承してきており、それは現在にまで及んでいる。鎌津田氏の神楽の継承の様子は次のようである。

「小学校五年生のとき（十一歳）に神楽に入った。明治生まれの父は、笛や舎文を主に担当していた。通りの良い声であったので舎文が得意であった。舞は「山神」を舞っていた。五年生になると、「長男は神楽をするものだ」と親に神楽に入ることを勧められた。師匠に弟子入りし、冬の間一曲ずつ舞を覚えて「舞初め」で披露し、それから半月ほど廻り神楽のなごりの行事に出かけて行った」

岳集落の長男は、昔から家を継いで神楽を舞うのが通例であったため、地域以外の土地に出てゆく長男は当時なかったそうであり、こうした神楽の継承の様子は現在もなお続いている。

【戦中・戦後】

鎌津田氏は、戦中戦後の神楽の様子を、次のように語った。

「大東亜戦争中、父が戦争へ行った。戦時中は舞い手がいなくなってしまったが、少ない神楽衆でようやく、祭りや歳祝い、そして新築祝いなどを続けていた。現在のように神楽を舞う回数は多くなかった」。「神楽衆の一人である小国誠吉氏と私（＝鎌津田氏、以下同）の父親の二名が戦地に赴いた。私の父親は終戦後に岳に戻り、誠吉氏は終戦後も数年間シベリアに抑留された後、故郷に戻ってきた。しかしその後しばらくして、他の四名の舞い手が次々に五十代で亡くなってしまったことで、神楽の運営が不安定となった。当時の神楽衆はわずか五～六名であった。そこで神楽を安定させるため、岳のそれぞれの家の若い長男たちを集め、神楽の指導を始めることにした」

戦争による人手不足のために、神楽存続の危機にみまわれていたことがわかる。

【高度経済成長期】

昭和三十年代生まれの岳集落の長男たちが、数名、神楽衆として加わる。それぞれ師匠をもち、稽古に励んだ。父親に弟子入りする者、みずから師匠を見つけ弟子となる者とさまざまであるが、一度師匠が決まると一生「師弟関係」が続く。現在岳神楽の中心となっている小国朋身氏（現岳神楽保存会会長）はこの時期、氏の父親に弟子入りをした。

当時のことを振り返り、「弟子入りしたその日から親子の縁が切れて師弟関係となった。常に頭を下げて教わり、言葉使いも変わった。師匠は神様のような存在であった」と語る。四、五年の間、毎日稽古をおこない、舞台は舞初め・山開き・大祭日・門付け・建て前・新築祝い・結婚式・舞納めなどである。

また昭和三十一年に、岳神楽が大償神楽とともに「早池峰神楽」として岩手県指定重要無形民俗文化財に指定され、さらに昭和五十一年に、両神楽が国指定重要無形民俗文化財の指定を受けたため知名度が上がり、この頃はすでに多方面にわたり公演の依頼があった。

②現在の岳神楽

神楽衆の構成は十五名である。前述の若者たちが中堅となり、保存会を組織している。現在も同様に長男で構成されており、以前と変わらず師匠を決め弟子入りをしている。構成は岳集落の他に近隣の大又・久出内集落からも親戚筋の者が五名参加している。稽古は主に行事前と冬期間におこなう。昔と同じように冬季に（十二～三月）に新しい舞を覚えて舞初めで披露する。稽古の様子は基本的には他者に見せず、口承伝承である。年間行事は一月の舞初め・五月の山開き・八月一日の早池峰神社の大祭と前日の奉納神楽・十二月の舞納めであり、その他公演が入る。門付け・棟上祭・屋根の葺き替え・結婚式などの祝儀で個人の自宅に呼ばれることは、もうほとんどなくなり、会館やホテルなどのイベントで呼ばれることのほうが多くなったという。文化交流として海外公演の依頼もくる。獅子頭の権現は、移動の際は電車の棚にのせることなどは絶対にせず、大切に腕のなかに抱えて運ぶ。

平成二十一年に、ユネスコ無形文化遺産の登録を受けて、神楽の上演は例年の五十回ほどからおよそ七十回に増えている。引き受けることのできなかった上演依頼も含めば、百にのぼる依頼数であった。

（2） 地域の人々から見た神楽衆

岳神楽を担う人々は、さまざまな社会状況のなかで神楽を維持してきた。獅子頭の権現を奉じる神楽の廻村巡業は、神事であると同時に神楽衆の経済活動でもあった。とくに高地のために稲作が不適であった岳集落では、神楽の廻村巡業は穀物を得るための重要な手段であった。「廻り神楽」と呼ばれるこの廻村巡業は、近世にはすでにおこなわれており、昭和のはじめまで継続された。この際、「地域の人々は神楽の担い手をどのような存在として見ていたか」、そして「なぜ彼らを受け入れたのか」「どのように受け入れていたのか」について、神楽衆の身分的位置付けを併せて考えたい。

「地域の人々は神楽の担い手をどのような存在として見ていたか」、そして「なぜ彼らを受け入れたのか」を考えるうえでは、神楽の担い手とそれを受け入れる側の地域の人々に共通の、早池峰山信仰が存在することが前提となる。そして双方の信仰の象徴となるのは、「獅子頭の権現」である。

ここで人々が、神仏の化身として崇める「獅子頭の権現」について述べたい。神楽衆からの聞き取りには、次のような話を聞くことがある。

「権現さんに守っていただいた」

「権現様の声を聞いた」

「東和町方面のある集落で神楽を頼まれて「火伏せ」をおこなったが、いくら水をまいても水のかからない家があった。しばらくするとやはり火事になった」

このように、神楽衆が守り神としての「権現様」を強く認識していることがわかる。現在も岳神楽衆の自宅の床の間には、獅子頭の権現が祀られており、深く信心している。かれらは「権現様」を奉じて神楽を舞うことを自分の使命とする意識を強くもち続けている。

また地域住民の側でも、『遠野物語』に見られるように古来早池峰山に対する畏怖と敬意の念は強い。「早池峰山」や「権現様」にまつわる説話は各地域に残されている。地域の人々は、神仏の化身である「権現様」を奉じて来訪する神楽衆を歓待し受け入れたという。現在でも「権現舞」の際に手を合わせて拝む観客の姿を垣間見ることができる。神楽の担い手と、それを受け入れる地域の人々の、「権現様」をシンボルとした早池峰山信仰に基づく共通の意識のもとに、神楽は成立しており、廻村巡業が受け入れられるのである。

それでは、地域の人々は神楽の担い手をどのような存在として見ていたのであろうか。

近世初期、岳の神楽衆（六坊）は、盛岡藩からの庇護を受けて社人として特権的に神楽を舞っていたが、彼らは修験山伏や六部と伝えられることから、里の人々からは宗教的職能者として捉えられていた。地域の人々は神楽舞のなかに神の姿を見ることができ、それを舞う神楽衆に特殊な能力を感じていた。神楽衆が帰農したと捉えられている近代以降であっても、岳神楽の担い手は純粋な農民としての性格ではなく、少なくとも貨幣経済の波が押し寄せるまでは、山に生き、神事をおこない神楽を舞う民であり、宗教的職能者としての側面をもっていたのではないかと推測する。「娘や嫁の着物を神楽衆に着てもらうと、安産や健康に恵まれる」という話からは、地域の人々が神楽衆を宗教的職能者として受け止めていたことがわかる。

また、地域の人々は神楽の担い手を、どのように受け入れていたのであろうか。本田安次氏の『採訪録』には、集落の人々が神楽衆を歓待して受け入れる様子が記述されている。

宿に当たった家では一切の費用を弁じ、神楽の人達に、酒と夕食及び夜食（中略）を準備し、且つ心持程の謝礼をするのである。謝礼は、又、中入り等の場合に、集まった人々が、初穂、若しくは花として出し合うこともある。一軒の家に厄介になることもあれば、同部落内に一、二人宛分宿することもある。神楽の宿になることを、少なからず喜ぶ風がある。(73)

このような光景からも、神楽衆を丁重にもてなし受け入れていたことがわかる。

神田より子氏は「神楽の〝経済学〟──陸中沿岸地方の神楽資料から──」のなかで、以下のように述べている。

このような山伏や山人を神楽の演者として迎える観客は農民であり、商人であり、漁民である。彼らは日常生活では手の届かない、あるいは目に見えない超自然の力を、神楽衆の演じる技の中に見出そうと期待する。それは神楽の中に神々の世界や神々の姿を見ることであり、修験者や山人の持つ呪力や験力を肌で感じることである。そうしたものを観客が身をもって体験することで、彼らは自分たちのもつ信仰を実感するのである。このような神楽を観ての感動は、だから信仰に根ざしているといえよう。

と述べている。(74)

神楽が受け入れられるのは、神楽を担う側と、それを受け入れる側の両方に共通した早池峰山信仰が存在しているからである。人々の間に共通の「早池峰山信仰」が存在し、神楽を担う衆を宗教的職能者として見ていたことから、近世から昭和初期という驚くほど長期にわたる廻村巡業の受け入れと、その継続がなされたのであろう。神楽の伝承もまたこうした背景があるからこそおこなわれるのである。しかしながら社会状況の変化とともに、そして神楽が伝えられていく経過のなかで、神楽本来の信仰が取り残されて、芸能のみの伝承が一人歩きするようになると、神楽に対する人々の純粋な信仰心も薄れてくる。そのことにより、現代の経済社会において廻村巡業を受け入れる側の経済的負担の問題や、神楽が芸能化することによる本来の芸態の変化など、神楽を取り巻くさまざまな状況の変化が起こってくるのである。そして、筆者が注目する神楽の継承と伝播もまた、その影響を受けることとなる。

まとめ

以上、これまで、早池峰山信仰と神楽が伝承される地域、二つの早池峰神楽の経過と概要について、先行研究と筆者の聞き取り調査の結果から述べてきた。それぞれの時代によって岳神楽を担う人々の宗教的・社会的身分は変遷しており、それにより、本来の信仰のもとにおこなわれている廻村巡業に、神楽衆の経済活動としての意味合いが加わることがわかった。また神楽を受け入れる地域の人々にとっては、神楽を担う人々は宗教的職能者として捉えられており、特別な能力をもつ者として歓待されていたことがわかる。それは、神楽衆側と、神楽を受ける側の人々の双方に共通する、早池峰山信仰と、守り神とされる「権現様」の存在によるものであることがわかった。

「獅子頭の権現」を奉じて舞う早池峰神楽は宗教的・血縁的な師弟関係のもとに伝播され、文化年間以降、急激にその数を増していった。そしてそれらの早池峰神楽の流れを汲む神楽は、いわゆる「弟子神楽」として周囲に認識されていくのである。次章では、この早池峰神楽の「弟子神楽」の本質について明らかにしたい。

（1）菊池照雄「早池峯修験と妙泉寺」（月光善弘編『山岳宗教史研究叢書7　東北霊山と修験道』、名著出版、一九七七年、一〇八頁）。
（2）『岩手県の民俗芸能』（岩手県文化財愛護協会、一九九〇年、六頁参照）。
（3）註(1)、一〇八頁。
（4）菅原盛一郎『復刻版早池峰山』（岩手日報社、一九五三年、八四頁）。
（5）註(4)、八六頁。

(6) 柳田国男『新版遠野物語』(角川書店、一九五五年、一三五頁)。
(7) 一ノ倉俊一『早池峰神楽』(大迫町観光協会、初版一九八四年、二〇〇三年)。
(8) 大迫町史編纂委員会編『大迫町史　教育・文化編』(一九八三年、五四頁)。
(9) 山田町教育委員会編『漁民と信仰(大沢と七籠り)』(一九九一年、五四頁)。
(10) 森尻純夫「弟子座の形成～地域の宗教感性と芸能への身体動機」(『民俗芸能研究』第一一号、一九九〇年)。
(11) 註(7)、二二頁。
(12) 『山陰文書』田中神社山陰家所蔵。近世期に記されたもので、著者は現田中神社および早池峰神社神官の山陰氏の祖先と言われる。現在公開されておらず、本書で引用したものは註(8)『大迫町史　教育・文化編』、および同編『大迫町史　民俗資料編』(一九八三年)に収録されている。兵部省とは、兵部卿藤原成房・あるいは田中兵部とも言われる。兵部省とは律令制の八省の一つであり軍政、特に武官の考課・選叙・訓練・兵馬・兵器の管理などを司る役職である。藤原成房も当地方で、その役職に就いていた人物と考えられる。
(13) 註(8)、五一頁。
(14) 同右、「狩猟民の信仰」参照。
(15) 同右。
(16) 註(1)、一一五頁。
(17) 高野派の伝承によると二人の猟師が、弘法大師が高野山を開くのに協力して、引導の法を授けられるという高野派の巻物『深山幽谷懸廻猟師併縁起引導回向鳴』が伝えられており、「唐より帰朝した弘法大師が寺院を建立すべく霊地を探していたところ、白黒二匹の犬を連れた猟師に出会い、紀伊の奥山に案内される。その礼として弘法大師は猟師に、獣を殺しても子孫に罪の報いがない唱え言を教え、猟師は山の神、犬は光物となって寺院の普請を助けた」という高野山の縁起を説く内容であり『山立由来記』の類例と見られる(『山と暮らし　ヤマダチ』、遠野市立博物館、一九九八年)。
(18) 日光派伝承『山立根本巻』は奥羽山系に伝わる日光派の巻物である。ちなみに「ヤマダチ」とは狩猟を生業とするマタギを指し、彼らはそれぞれの狩猟の際の儀式とその秘伝書をもち、その内容が『山立根本巻』などから発生していると言われる。宮守村（現遠野市宮森）阿部家に伝わる秘伝書『山立由来記』には「万三郎という男が日光権現を助けて赤城明神と戦い勝ち、山々で狩を行ってもケガレが無いことの許しを得た」と説いている。『山立根本巻』とほぼ同様の内容とされる。

(19) 註(8)、五二頁。

(20) 同右、五八～六〇頁。

(21) 註(2)、五〇頁。註(7)、一二頁参照。

(22) 早池峰山を取り巻く花巻市大迫町・遠野市・川井村にある四カ所の登山口に、それぞれ早池峰神を祀る神社が存在した。岳早池峰神社(大迫町岳口)・遠野早池峰神社(遠野市大出口)・小国の善行院(川井村江繋口)・門馬早池峰神社(同じく川井村門馬口)である（註(1)、一〇九・一一〇頁)。

(23) 熊谷保・加藤俊夫『北上民俗芸能総覧』（北上市教育委員会、一九九八年）。

(24) 花巻市資料。

(25) 大迫町史編纂委員会編『大迫町史　行政編』（一九八六年、九六〇頁）。

(26) 花巻市市民登録課資料。

(27) 南部葉タバコとは、慶長年間（一五九六～一六一五）に南蛮船が釜石で難破した際に伝来したといわれ、大迫町で栽培されている葉タバコの品種。きざみタバコとして利用され、盛岡藩の財政の窮乏を助ける作物として奨励された。全国唯一の葉巻専用種として栽培されているが、現在は需要の低迷から七五ヘクタール前後作付けされる程度である。

(28) 大迫町史編纂委員会編『大迫町史　産業編』（一九八五年、五〇五頁）参照。

(29) 木材景気は町を一時うるおしたが、後に特に収入を得ていた内川目村・外川目村・大迫町では、乱伐による森林の質の低下が問題となり、急きょ人口造林などの計画生産の策を講じる状況に至った（同右八二八～八四五頁参照)。

(30) 註(28)、六六三～六六四頁参照。

(31) 同右（昭和六年『外川目村誌』調査報告の値)。

(32) 註(28)、六七一頁（『大迫郷土教育資料』)。

(33)　註(28)、八二八頁参照。
(34)　同右。
(35)　註(28)、八三九～八四〇頁参照。
(36)　註(28)、八三六～八三七頁。
(37)　神田より子「早池峰の山伏神楽」(宮家準編『山の祭りと芸能(下)』、平河出版社、一九八四年、四頁参照)。
(38)　『嶽妙泉寺文書』「年中行事日記」(花巻市教育委員会、二〇〇六年)。
(39)　註(2)、六頁。
(40)　註(8)、七二頁参照。
(41)　註(8)、七三頁。
(42)　註(8)、七二～七三頁。
(43)　註(38)、七頁。註(8)に同じ。『祐清和記』東顕寺記録、延亨三年記による(一六六頁参照)。
(44)　註(8)、一六六～一六七頁。
(45)　註(38)、一一頁参照。
(46)　註(38)、一二頁参照。
(47)　註(38)、一〇頁。
(48)　『内川目村郷土史資料』『嶽妙泉寺文書』(註(12)『大迫町史　民俗資料編』、七頁)。
(49)　註(38)、一一頁。
(50)　註(38)、一二頁。
(51)　同右。
(52)　註(8)参照。
(53)　註(38)、九八頁参照。
(54)　同右。
(55)　註(8)、一七七頁参照。

(56) 註(38)。
(57) 註(38)、一三頁。
(58) 註(8)、一七五頁、『山陰文書』由緒書上。
(59) 註(8)、一七四～一七五頁。
(60) 註(48)、『山陰文書』由緒書上。
(61) 註(8)、一七五頁、『妙泉寺文書』。
(62) 註(8)、一七六頁。
(63) 本田安次『山伏神楽　番楽』(斎藤報恩会、一九四二年初版。『本田安次著作集　日本の伝統芸能第5巻　神楽V　山伏神楽・番楽(復刻)』、錦正社、一九九四年)五一三頁・五一五頁。
(64) 註(38)、「年中行事日記」八一頁・「毎月御湯立神楽」四二六頁。
(65) 註(2)、六～七頁。
(66) 大迫町観光協会編『早池峰神楽』(初版一九八四年、二〇〇三年)。
(67) 註(65)、六頁。
(68) 註(65)、六～七頁。
(69) 註(8)、一〇三頁。
(70) 註(8)、二二二頁。
(71) 註(8)、二七二頁。
(72) 註(8)、二七三頁～二七四頁。
(73) 註(63)、五一四頁～五一五頁。
(74) 神田より子「神楽の〝経済学〟——陸中沿岸地方の神楽資料から——」岩田勝編『神楽　歴史民俗学論集1』(名著出版、一九九〇年)。本書では『「陸中沿岸地方の廻り神楽」報告書』(宮古市、一九九九年)に転載されたものを引用。七三〇～七三一頁。

第三章　弟子神楽の条件

はじめに

早池峰神楽が廻村巡業をして地域と関わりをもったことで、その流れを汲む神楽が県内各地に伝えられ、その数は「権現舞」のみの芸能を加えると、百団体をはるかに超えると指摘されていること、[1]また早池峰神楽は師弟関係により伝播したことが伝えられているために、一般的にはその流れを汲む神楽群が一様に「弟子神楽」と捉えられていることを序章で述べた。

また、個々の神楽の伝承由来や師弟関係の経過など、早池峰神楽の伝播に触れる先行研究も非常に少ないことは第一章で述べた。筆者は平成十九年から二十三年にかけて、「早池峰神楽の流れを汲む」と伝えられる神楽における個別調査をおこなった。その結果、調査対象となる神楽が最も多く存在する旧花巻市とその隣接地域である旧東和町（現花巻市東和町）の弟子神楽において、伝承由来や伝播の形態に明らかな違いがあることがわかった。

そこで本章では、旧花巻市における岳神楽の流れを汲むと伝えられる早池峰岳系神楽のこれまでの経過と現状、および岳神楽との師弟関係と神楽の伝播の形態を報告する。さらに、それらの神楽と、みずから保存会名称に

図表3　本章で取り上げる神楽の所在地

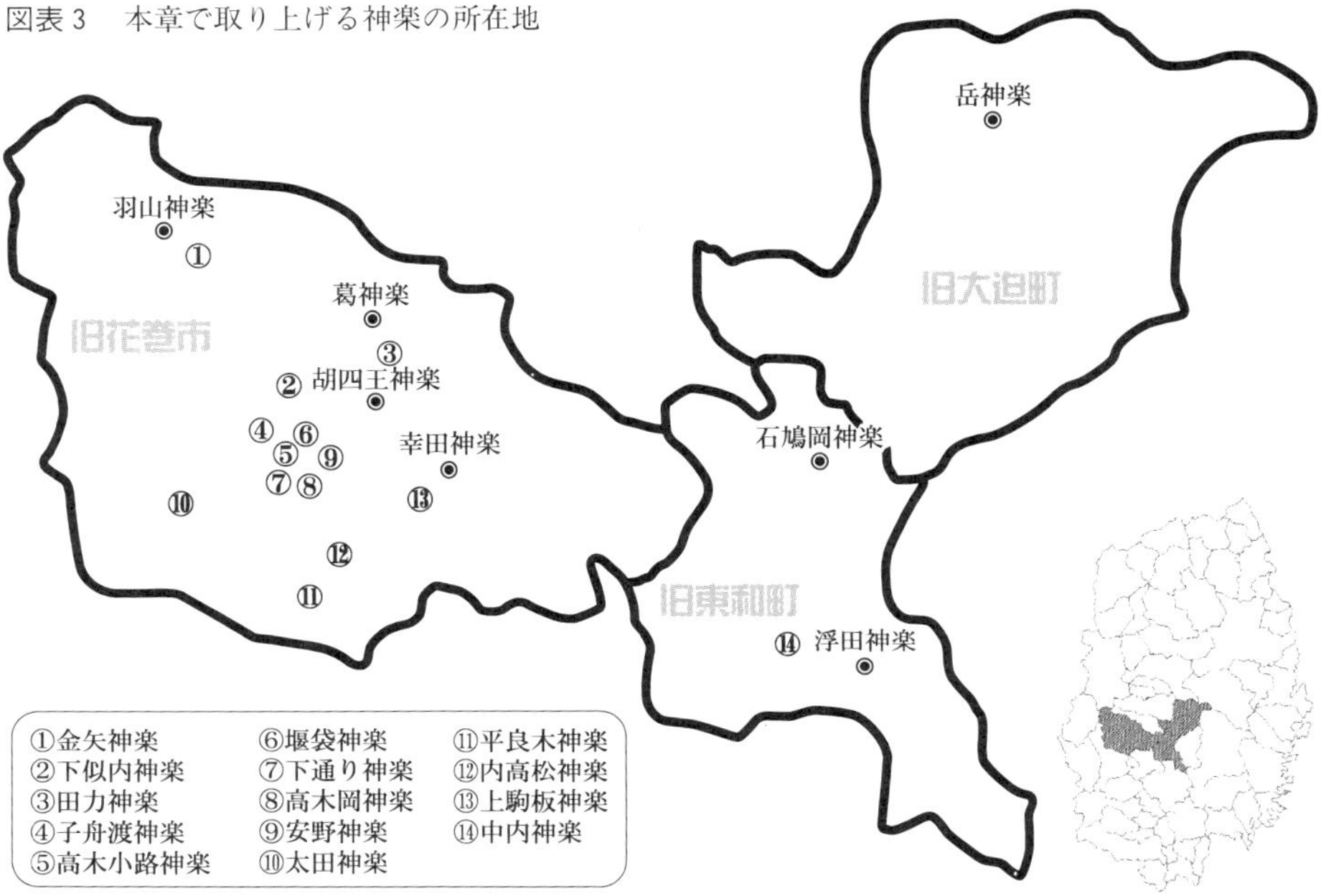

「早池峰岳流神楽」と付加し名乗る旧東和町のいくつかの早池峰岳系神楽との比較を試み、早池峰神楽における弟子神楽とはどのような存在であるのかについて検討を加え、論じることにする（図表3参照）。

一　旧花巻市の早池峰岳系神楽

（一）旧花巻市における早池峰岳系神楽

最初に花巻市の概要について記しておきたい。岩手県花巻市は、人口一〇万一五三三人（二〇一二年十月調査）であり、県内有数の穀倉地帯である。自然にも恵まれ、花巻温泉郷を有し現在観光開発に力を入れている。花巻市の藩政期については、慶長年間以来、南部政直（在職一六一三年～二四年）により和賀・稗貫《ひえぬき》の両郡二万石が統括された。花巻城を中心に藩の倉庫があり、また仙台藩との国境でもあったため、花巻は盛岡藩の要所とされていた。近代において町村合併を繰り返し、昭和二十九年に花巻市が誕生した。[2]

その五十二年後の、平成十八年に、和賀郡東和町・稗貫郡石鳥谷町・稗貫郡大迫町が合併し、現在の花巻市となった。この大迫町との合併により、早池峰国定公園は花巻市の管轄となった。また行政では、近年の神楽ブームから観光資源としての民俗芸能の利用を進めている。その一環として平成十九年には大迫町に神楽会館が建設された。さらに、早池峰神楽が平成二十一年にユネスコ無形文化遺産に登録されたことにより、その活動や活用についてこれまで以上に行政が力を入れている。

旧花巻市の早池峰神楽の流れを汲む神楽には現状を把握できるものが十五団体であり、そのすべてが早池峰岳系神楽である。早池峰神楽の演目のなかで特に重視されるのは、「権現舞」と「式舞」であるが、[3]このうち両方を舞うことができるのは、幸田神楽・胡四王神楽・葛《くず》神楽・羽山神楽・太田神楽（近年復興）・金谷神楽（近年復興）・下似内《しもにたない》神楽（胡四王神楽の弟子・近年復興）の七団体である。

神楽の成立年代は、菅原盛一郎『日本之芸能早池峰流山伏神楽』（東和町、一九七九年）によると、[4]幸田神楽は天保年間（一八三〇～四四）・胡四王神楽は安政三年（一八五六）・葛神楽は元和四年（一六一八）であり、数多くの早池峰系神楽のなかでも特に長い経過をもっている。また幸田神楽・胡四王神楽・羽山神楽は、過去に修験の関わりをもっていたことがそれぞれの地域に伝えられている。

「権現舞」のみを舞う神楽は、高木岡神楽・堰袋《せきぶくろ》神楽・北小山田神楽・田力神楽・槻之木《つきのき》神楽・袰輪《ほろわ》神楽・平《ひ》良木《らき》神楽・上駒板神楽・小舟渡神楽の九団体である。これらの神楽が所在するのは矢沢・幸田・高松・高木・東十二丁目の区域から構成される旧矢沢村であり、[5]村内の各地に「権現舞」のみを舞う神楽が存在していた。

花巻市民の祭りである「花巻まつり」では、祭りの活性化のために、花巻市内の神楽集団により「権現舞」を群舞させる「権現群舞」という演目がおこなわれる。そのために行政の推進により、昭和五十年前後に各地域に「権現舞」を舞う新たな神楽が結成されたことも、「権現舞」のみを舞う神楽がこの地域に多いことの理由の一つである。その他、金谷神楽（天保元年成立、大正一一年再興）・大畑神楽（文政期成立）・北湯口神楽（成立年代不明）などが早池峰岳系の神楽である。後掲の図表4に旧来の「権現舞」と「式舞」両方の舞が可能な神楽の詳細を掲載する。

（2）旧花巻市における早池峰岳系神楽の現状

ここでは旧花巻市内の早池峰岳系神楽のうち、二つの事例を報告する。胡四王神楽と幸田神楽は、早池峰系岳神楽のなかでも新たな師弟構造を形成し、活動する神楽集団である。これらの神楽を通して旧花巻市の早池峰岳系神楽の構成について検討する。

①胡四王神楽（旧矢沢神楽）

胡四王神楽は、花巻市矢沢に所在する胡四王神社の奉納神楽である。旧名は矢沢神楽であったが、戦後胡四王神楽と呼称されるようになった。神社由来は「大同二年（八〇七）坂上田村麻呂東征の折、薬師如来を祀った天台宗医王山胡四王寺（天台宗）に始まる」とされ、さらに神楽の起源は「康保年中（九六四〜九六八）当地域に疫病が大流行の際、山伏修験者が病魔退散・厄災消除を祈念して慰霊安鎮の舞を奉納した」と、地域に伝えられている。神社に伝わる獅子頭の権現には、「慶長三年（一五九八）四月八日」の銘があり、その時期には修験系の神楽がおこなわれていたと推察されている。(6)

現在の神楽は伝承によると、岳神楽の流れを汲むとされている。嶽妙泉寺の寺男であった東和町小山田出身の宮川文助が師匠となり、安政三年（一八五六）に矢沢の屋号小倉掛《こあんけ・がんけ》の中島新蔵・米蔵兄弟に伝承されたことが、神楽衆に伝えられている。この中島兄弟による神楽伝承の旨は、神楽庭元の中島家に所蔵される「神楽人改」（明治期の記載か）のなかに、中島兄弟他五名が安政己未年（＝六年、一八五九）に神楽を始めた旨が記載されており、また神社の薬師森に昭和七年（一九三二）に建立された「神楽碑」にもその由来が刻印されている[7]〔写真13・14〕。

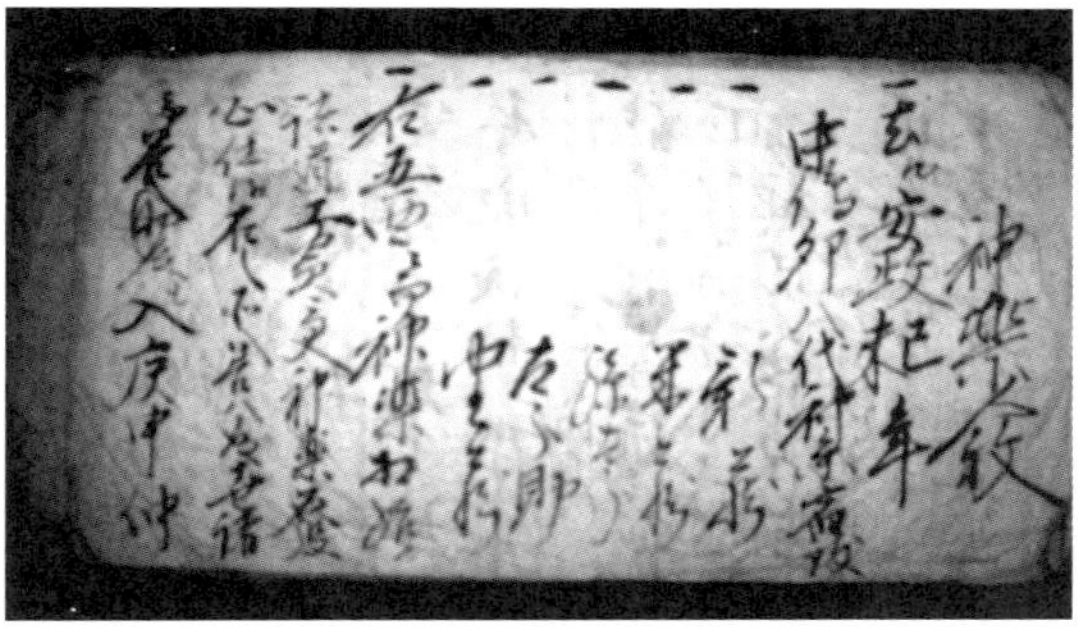

写真13　胡四王神楽「神楽人改」
中島新蔵・米蔵らの神楽衆の氏名が記載されている。

写真14　胡四王神楽神楽の碑
昭和７年(1932)に神社の薬師森に建立。神楽の由来が刻印される。
(花巻市博物館撮影)

図表４　旧花巻市における「権現舞」と「式舞」を継続できた神楽の経過と現状

①神楽衆の数、経過と活動状況　②演目数　③門付けの状況　④弟子神楽の有無　⑤その他　＊出典

【羽山神楽】

伝承地	湯本(台)羽山神社	氏子戸数	700戸
伝承時期と由来	伝承年代は特定できないが、伝えられる神楽本や獅子頭などから、江戸時代後期は下らないと考えられている。小国村常楽法印から伝授されたという説と宮古の鎌津田左京法印からの伝授説の二通りがある。いずれも岳神楽ゆかりである。ただし、明確な記録がないため詳細不明 ＊『羽山神楽』(1998年、羽山神楽保存会)		
伝承されるもの	・江戸時代後期のものとされる師匠本(神楽本) ・「文政３年」(1820)銘の獅子頭の権現 ・年代不明の古い様式をとどめる獅子頭の権現 ・明治23～24年記載と言い立て本 ＊『羽山神楽』 ・「秘伝許可控」が嘉永２年(1849)の火災で焼失		
これまでの調査	・神社祭礼・正月が主な公開の場 ・羽山神社は大同２年(807)坂上田村麻呂の勧請と伝えられる ＊『花巻市史―芸能編』(1963年、花巻市教育委員会)		

神楽の経過と現在の活動状況	岳神楽／他神楽との関わり
① 30名(うち成人13名)。例大祭や公演依頼・大会出場など年間17回程の活動。明治、大正と盛んに神楽がおこなわれた。代々の師匠名が記載されている。太平洋戦争により一時休止、昭和23年に復活。30年以降、都会への出稼ぎ者などで衰えたが、45年若い神楽士が入り、58年保存会設立。現在は神楽師匠を中心に神楽士が継承し、学童に舞を指導するなど育成につとめる ②明治23年時28演目→昭和44年時24演目→現在20演目 ③地域内にておこなう ④なし ⑤平成17年、東日本ハウス文化事業団より助成金を得て太鼓・かぶと・獅子頭を整えた。神社氏子からなる神楽後援会が組織され保存継承の支援をしている。神社の小田島宮司屋敷内に「僧都」の文字が読み取れる墓石(二基)あり。年代は風化により判明できないが修験(羽黒系)であったことが証明されている＊『羽山神楽』	花巻地方神楽協会 花巻地方神楽保存会(合同出演) 花巻市郷土芸能保存協議会

【葛神楽】

伝承地	葛(宮野目)諏訪神社	氏子戸数	130戸
伝承時期と由来	元和４年(1618)に早池峯神道から神楽を伝えられたことが明治15年(1882)の言い立て本に記載		
伝承されるもの	・元和４年の言立帳 ・明治15年の御神楽言立帳		
これまでの調査	・主な公演の場は神社祭礼(４月27日、９月27日)・慶事(新築祝など) ・門付け(１月２日) ＊『岩手県の民俗芸能』(1997年、岩手県教育委員会)		

神楽の経過と現在の活動状況	岳神楽／他神楽との関わり
①11名。祭礼、元旦祭、春祈禱、火防祭などの定期活動。また慶事や依頼公演活動。明治・大正期は盛んに活動していたといわれる。戦前から戦後にかけて途絶えがちになり昭和30年後半に一時休止、40年後半に若い後継者が参加し復興。その際「元和４年言い立て本」が証となり岳神楽の弟子と岳神楽衆より認められ、言い立て本を借用する。その後現在に至る ②元和４年時14演目→明治15年時22演目→現在15演目 ③葛地区(110戸)・田力地区(100戸)を以前は１月７日から15日まで廻り、得た米や金を神楽の資金にあてた。現在は会社員の神楽衆が多いため日曜日にのみ神社周辺の家を廻る ④なし ⑤神楽の碑(明治19年)・神楽由来の碑(平成10年)あり	昭和40年代後半岳の言い立て本借用がきっかけとなり、昭和50年代前半まで交流が続いた

【胡四王神楽(矢沢神楽)】

伝承地	矢沢胡四王神社	氏子戸数	300戸(保存会には全戸加入)
伝承時期と由来	康保年中(964～968)に疫病が流行して、修験山伏が厄災消除を祈念して、舞を奉納した。安政３年(1856)に東和町小山田外谷地の宮川文助(妙泉寺寺男)を師として矢沢小倉掛の中島新蔵・米蔵が伝習		
伝承されるもの	・「慶長３年(1598)４月８日」銘の獅子頭の権現、その他獅子頭の権現12体(胡四王神社蔵) ・「神楽人改」(明治期の記載か) ・明治～大正期の言い立て本		
これまでの調査	・中島新蔵・米蔵・孫太郎・太郎助・由蔵の５名が安政６年(1859)４月８日舞い始めた ・神社祭礼、慶事(年祝・新築・部落の祭) ＊『胡四王山の世界』(2008年、花巻博物館)		

神楽の経過と現在の活動状況	岳神楽／他神楽との関わり
①15名。蘇民祭、正月２日、４月29日春祭、９月２日秋祭、12月２日年越祭の定期と依頼公演にて活動。安政６年より中島卯八家が神楽宿となる。正月・春秋の例祭を中心に矢沢八幡・鞍掛白山・小舟渡八幡・花巻神社などの奉納神楽をおこなう ②21演目 ③正月３～５日に２班に分かれ氏子の各戸を廻り春祈禱をする ④これまで近隣地域に複数の弟子神楽をもつ(高木小路神楽・下似内神楽・小舟渡神楽・内高松神楽・石持神楽・倉掛神楽) ⑤神楽の碑あり(昭和７年)。明治期には本坊(胡四王の六坊の１つ)松沢滝蔵氏をはじめ、鎌田久一氏・小原栄八氏・小原卯吉氏らで神楽をおこなった。戦中に一時衰退するが、昭和40年頃に若手８名が増え勢いを増し現在に継承している	・「かつて矢沢の中島家で合同の舞をしたことがある」現在は交流はなし ・弟子である下似内神楽と交流(平成20年合同発表会開催など) ・高木小路神楽に大正期より３年に１度呼ばれ夜神楽と門付けをおこなう ・現在弟子神楽とともに花巻まつりの権現舞パレードに参加

【幸田神楽】

伝承地	矢沢幸田八雲神社	氏子戸数	92戸
伝承時期と由来	天保年間(1830～44)の頃、山伏神楽が盛んになり、岳神楽を学びこれをおこなう		
伝承されるもの	・「文久３年」(1863)銘の獅子頭の権現 ・安政２年(1855)生まれの宍戸長右エ門が所有していた言い立て本(作成年代は不明)と明治期の言い立て本 ・岳から言い立て本を有していたが明治初年の火事で消失と伝えられる。その写本は明治期のもの		
これまでの調査	・神社祭礼(６月14・15日)と慶事 ・８軒の家で神楽を開始 ＊『花巻市史』(花巻市教育委員会)より八雲神社の講中が多く存在。集落で昼に門付けと夜に神楽をおこなっている		

神楽の経過と現在の活動状況	岳神楽／他神楽との関わり
①13名。正月元旦(元旦祭)、４月１日春祈禱、７月16日宵宮例祭、公演依頼など年間50回程度活動。幸田の８家で代々継承。戦争中２名死亡し一時５名となるが周辺地域の人に鐘などを頼んで維持していた。現在はさらなる神楽衆を加えて活動している。八雲神社講中が存在し、花巻市全域に135組2600戸を有していた。現在も数は減ったものの講中に支えられて活動している ②29演目 ③以前は100数戸の各家を１月３日より廻った。現在はその８割。初穂は米であり、それを売って現金にしたが、戦後は現金となる ④高木岡神楽・堰袋神楽・地之神神楽など中断神楽もあわせるとこれまで13団体の弟子をもった ⑤神楽の碑あり	・弟子神楽の権現舞に手伝いに行ったことがある ・「小山田まで岳が来ていたが、幸田までは来なかった」。岳との交流はなし ・現在弟子神楽とともに花巻まつりの権現舞パレードに参加

(2011年調査)

現在の神楽衆は、二十〜八十歳代の十五名で組織されている。正月・春秋の胡四王神社の例祭を中心に、矢沢八幡・鞍掛白山・小舟渡八幡宮・花巻神社などの例祭神楽を恒例とするほかに、近隣地域の神社や新築祝い・厄払いに呼ばれることもある。また正月三日から五日に氏子の各戸を廻る門付け（春祈禱）をおこなっている。神楽は戦中・戦後に一時勢いは落ちたが、継続されていた。保存会（後援会に類似）の組織が大きく、およそ三〇〇戸の胡四王神社の氏子が全戸加入し、神楽を支えている。その他門付けのお花料や公演の謝礼等、経済面では比較的安定している。保存されているものは、明治・大正期の獅子頭の権現が十二体、「言い立て本（神楽本）」、神楽面、大正期の衣装などである。

神楽の稽古の際は、明治二十九年（一八九六）の「言い立て本」を書き直したものを使用している。神楽衆に岳神楽の流れを汲むという意識はあるものの、早い時期（詳細は不明）に親である岳神楽との交流は途絶えている。山影長栄氏は昭和五十二年に、当時の岳神楽代表であった小国誠吉氏より、「かつて早池峰神社宮司中島孫兵エ氏の才祝いに矢沢の中島家にて、合同の舞をしたことを話してくれた」と聞いた旨を、『花巻市文化財報告書』第六集の「胡四王山神楽のこと」のなかで報告している。これが岳神楽との関係を示す最も新しい記憶となる。胡四王神楽の現状は、むしろ地域内にみずからの弟子神楽を複数有しており、新たな師弟関係を築いている。それらの弟子神楽は師匠同様に岳神楽の流れを汲むという意識も若干はあるが、実際の師匠である胡四王神楽の弟子神楽と認識して活動している。

②幸田神楽

幸田神楽は幸田地区に鎮座する八雲神社の奉納神楽である。『幸田神楽本』によれば(8)、その由来について、藤原秀衡の三男泉三郎忠衡は、平泉藤原氏滅亡の際落ち延びられ、此の地に隠れ住まわれた。（中略）矢沢地域の灌漑用水を確保するために幸田川を塞き止めて、溜め池を築く工事をはじめたのであるが思うように工事が進まず思案の末、忠衡公が信仰している、祇園牛頭天王（八雲神社の祭神）を祀り工事の無事完成を祈って神楽を奉納した。

また、

昔、幸田川には上と下に二つの大きな沼がありこの沼には、それぞれ、主（化け物）が住んでいた。この沼を埋め、田を作り堤を作った為に、主達は住みかを失い（中略）怒りを鎮めるために、堤の西北（乾）方に神楽場を定め神楽を奉納したところ、主達の怒りが鎮まり平和が戻ったといわれ、それ以来毎年神楽場で神楽を奉納した。

とあり、古い時代からこの地に神楽が存在していることを語っている。

祇園牛頭天王を祀った場所には現在泉三郎の霊碑があり、神楽場と呼ばれる場所も残されている。由来を示す古記録は残されていないが、現在伝わる神楽は、天保年間（一八三〇～四四）に岳神楽を学び開始したと神楽衆に伝えられている。(9) 安政二年（一八五五）生まれの宍戸長右ェ門銘の「神楽言い立て本」と、文久三年（一八六三）の銘のある獅子頭の権現が保存されている。時期は特定できないが、早い時期に親である岳神楽との師弟関係は薄れている。(10)

神楽は幸田の八軒の家で開始し継承しており、現在はさらなる神楽衆を加えて十三名で活動している。八雲神社例祭の奉納神楽を定例とするほか、矢沢地区を中心に各集落の神社の例祭日にも奉納神楽をおこなっている〔写真15〕。またこれらの地域には八雲神社の講中が存在し、幸田神楽が招かれて門付けや幕神楽をおこなっている。
こうした地域の強い信仰が基盤となり、神楽の活動が支えられてきた。また周辺には、高木岡神楽や堰袋神楽など多くの幸田神楽の弟子神楽が存在し、師弟関係を保っている。

写真15　幸田神楽

③胡四王神楽と幸田神楽の弟子

ここで胡四王神楽の弟子神楽について報告したい。

ⓐ胡四王神楽の弟子神楽

まず胡四王神楽の弟子である高木小路神楽について述べる。高木小路神楽は、経過のなかで師匠を変えた事例である。高木小路の産業は主として農業であり、およそ四百戸の世帯を有する地域である。高木小路神楽は、この高木小路に所在する金比羅神社と古峰神社の奉納神楽である。また、高木地域の高木岡神社にも例年神楽を奉納する。神楽衆発足の理由については不明であるが、この地域に神楽ができる以前は、花巻市内の円万寺神楽に奉納神楽を頼んでいたことから、自分たちの神楽をもつことを目的として発足したことが考えられる。(11) 現在は十七名の神楽衆で組織されており、演目は「権現舞」のみを伝承する。

保存されているものは獅子頭の権現三体であるが、そのうち二体は二代前の神楽衆から受け継がれており、一体は十数年ほど前に購入した。これらの獅子頭の権現は、自宅敷地内に氏神をもつ神楽衆が保管している。神楽の活動は、例年の高木岡神社の元旦祭・二月の春祈禱、九月の金比羅神社と高木岡神社の奉納神楽、そして四月の火防災と花巻まつりの他、結婚式や棟上式、年祝いなどの依頼が年間十回ほどである。十年ほど前から秋祭・火防祭の年に二回、門付けをおこなっている。このときは、二体の獅子頭の権現を奉じて一〇〇軒以上を廻る。この門付けによる収入が、神楽の運営にあてられる。花巻まつりと火防祭は、他の早池峰系神楽とともに舞うため、交流の場となっている。

花巻まつりにおいては、胡四王神楽に出向いて稽古をし、当日は胡四王神楽とその弟子である似内神楽とともに、「権現群舞」に参加する。さらに毎年四月におこなわれる火防祭では、金比羅神社と古峰神社に「権現舞」を奉納したあと、高木寺と高木岡神社に出向く。近隣地域の堰袋神楽・下通り神楽・古舘《こだて》神楽もこの時に集う。(12) いずれも胡四王神楽と幸田神楽の弟子である。このうち笛を吹くことのできる神楽衆を有するのが高木小路神楽のみであるために、三団体が補いながら権現舞を奉納することとなる。

高木小路神楽で注目すべきは、神楽の開始時（おそらく明治の後半もしくは大正期）は幸田神楽の弟子であったが、経過のなかで師匠を変えて現在は胡四王神楽の弟子になっていることである。これについては保存会会長によれば、二代前の神楽衆が幸田神楽に弟子入りし、神楽が開始されたが、戦後まもなく一時的に幸田神楽の勢いが衰えた際、胡四王神楽の知人に頼み、弟子入りしたという。この時は、胡四王神楽の屋号「本坊」の松沢滝蔵氏が高木小路神楽の師匠となり、「鳥舞」と「三番叟」を習得したことが古老の記憶にも残されている。高木小路神楽の衆はその後、矢沢地区に出向き胡四王神楽から舞を教わり神楽をおこなった。幸田神楽と胡四王神楽は同じ矢沢地区に所在し距離的にも近いため、両方の地域同士の交流や共通の知人を頼りに神楽を存続してゆく状況が想像できる。

平成元年頃には、胡四王神楽の人手が少なくなり手伝いを頼まれていた時期もある。そして現在も、胡四王神楽との師弟関係は続いている。三年に一度、感謝祭と称して胡四王神楽を招き、金比羅神社の別当家での「夜神楽」を頼み、ご馳走を振る舞う。師を敬うこの習慣は神楽の開始当時から続いている。

舞は口伝であったので、十年程前に正式な「言い立て本」が欲しい旨を胡四王神楽に伝え、胡四王神楽の「言い立て本」の写しを譲り受けた。ただし、神様に米を奉納するときの「米あげ」の言い立ては、昔から「早池峰岳流」と高木小路神楽衆に伝えられるものである。しかしながら、これまでの経過のなかで岳神楽との直接的な交流がないため、「舞の形が似ている」という意識はあるが、実際に交流が深い胡四王神楽が親神楽として認識されている。

ⓑ幸田神楽の弟子神楽

次に幸田神楽の弟子神楽について述べる。幸田神楽の初期の弟子である高木岡神楽は、旧高木村に所在する高木岡神社の奉納神楽である。高木岡神社はかつて羽黒派修験の道場であったとされる。[13]『高木岡神社創建四百年記念誌』（二〇〇四年）によれば、神楽衆に伝わる伝承として、

元治元年（一八六四）地域に疫病が大流行し、（中略）幸田八雲神社の分神を迎え自然石の牛頭天王を祀り、無病息災を念じ夜神楽が奉納された。以来、上台、古舘六十戸余の講中神楽となった。

と、高木岡神楽が幸田神楽の初期の弟子であることが記載されている。[14]

『花巻市史（郷土芸能篇）』[15]には、神楽衆である佐藤晋氏の話として、

かつては式六その他も踊ったが、大正年間ころから権現廻しのみになった。その年の豊穣を祝って幸田神楽をよび、しばしば部落で行った。権現廻しだけが残っていたが、幸田神楽の権現廻しをみているうちにごっ

ちゃになった。そこで昭和初年幸田の弟子となった。（中略）下通・小路・堰袋に教えそれぞれの部落で行っている（教えたときは古い形のもの）。

と記録されている。下通・小路・堰袋とは、旧高木村のなかにある地域である。

このように高木岡神楽を通して、幸田神楽の「権現舞」が近隣地域へと伝播されていった。これらの神楽は、現在はその多くが幸田神楽から直接指導を受けており、幸田神楽の弟子神楽として活動をしている。また師匠との縦の関わりだけでなく、弟子同士横の結びつきをもち、お互いに人手不足を補いつつ、火防祭や花巻まつりの権現群舞などの祭事やイベントに参加している。

ここで高木岡神楽から伝えられたとされる神楽の一つである、堰袋神楽について述べる。

旧高木村の堰袋はおよそ一八〇戸の農村地域であり、住民の多くが稲作などの農業を営む地域である。この地に伝承される堰袋神楽は明治二十二年（一八八九）に、地域の金比羅神社の奉納神楽として開始されたことが古老により伝えられる。

堰袋神楽についての詳細調査はこれまでおこなわれておらず、前述の『花巻市史(郷土芸能篇)』の「矢沢高木神楽」の項に、幸田神楽の弟子である高木岡神楽が下通り・小路・堰袋の地域に神楽を教えたことの記載があるのみである。(16) しかしながら堰袋神楽衆に伝えられる神楽の成立については、堰袋神楽は明治後期に幸田神楽から直接神楽を教わった、そして後に堰袋神楽が小路と下通りの衆に神楽を教えたという伝承もあり、市史の内容とは異なる。

堰袋神楽の経過については、終戦後に一時神楽衆が二名となり衰退したが、昭和五十三年（一九七八）頃に六名の神楽衆が加わり復興した。平成五年には八名の神楽衆で神楽が盛んにおこなわれていた。現在も、高橋寛氏を会長に六名の神楽衆で活動している。

高橋氏によれば、高橋家は安政六年（一八五九）から続く家であり、屋号長ェ《ちょうえ》門戸《もんど》と呼ばれ、これまで神楽に関わってきたという。[17] 明治二十二年（一八八九）の獅子頭の権現が一体伝えられている。定例の活動は、正月の三日間におこなわれる門付けと、高木岡神社に奉納される元旦祭・四月の火防祭および春祈禱、九月の自社例大祭および秋祭、花巻まつりである。その他年祝い・厄祓い・棟上式などで「権現舞」の依頼があるが、時には交通事故の多い場所でのお祓いや、選挙の時期に事務所からの依頼が来ることもある。

堰袋神楽の演目は、開始当初から口伝で伝承された「権現舞」のみであり、「式舞」は伝承されていない。堰袋神楽は、以前はこの他にも古館神楽・上台神楽と合同で「権現舞」を舞うことがあったが、これらの神楽は人手不足により活動を中断した。平成に入り、舞の内容が異なることから、改めて幸田神楽に指導を依頼した。以来、「感謝祭」と称して毎年幸田神楽を招き、夜神楽と直会をおこなう。

岳神楽については「舞の形に似ているところがある」との認識はあるが、過去に交流がないために岳神楽の流れを汲むという意識は少ない。近年幸田神楽から指導を受けたことから、現在は幸田神楽の弟子として花巻まつりに参加している。

（3）　多様な師弟関係と神楽の構造

胡四王神楽と幸田神楽、そしてその弟子神楽にみられる多様な師弟関係について触れておきたい。

双方の弟子神楽は前述のように、その経過のなかで師匠を変えて神楽を継続させている。また幸田神楽の弟子である高木岡神楽と堰袋神楽のように、神楽の開始時期や師弟関係における双方の伝承には、食い違いがみられる事例が多い。神楽のなかでも特有の師弟構造を重んじ、これまで活動してきた早池峰系神楽であるが、その歴史の長さとあまたの弟子の数のために、「いつ、なぜ、誰に教わり神楽を開始した」というような神楽の成立由来や、「いつ頃、誰の弟子であった」などその後の変遷については、特に特定するのが難しい事項である。

その理由の一つに胡四王神楽と幸田神楽、そしてその弟子神楽群の事例にもみられる「多様な師弟関係」があげられる。これらの弟子神楽は、神楽の存続の危機に見舞われる戦中から戦後、そして昭和五十年代後半を経て現在に至るまでの間に、何度となく途絶えそうになりまた復興している。

その復興の際に、元々の師匠から舞の指導を受けるほか、近隣の弟子同士で教え合うなどの多様な師弟関係ができていったことが考えられる。高木小路神楽と同様に、戦後に師匠を変えた弟子神楽の事例がいくつかみられ、師匠であった神楽にもまた盛衰の時期があったことがわかる。特に胡四王神楽と幸田神楽の弟子神楽の事例については、師匠との「縦の関係」だけでなく、弟子同士の「横の関係」が強く、この横列のなかで神楽を教え合ったという状況がうかがわれる。注意しなければならないのは、こうした成立の由来や経過を調査する際に「○○神楽に教えたことがある」という表現と、「○○神楽と師弟関係にあった」との表現は、必ずしも同様の意味をもつとは限らないということである。

なぜならば、前者は一時的な交流である可能性があり、後者の「師弟関係」という絶対的な力関係をもつことを示すものではないのである。

神楽の師弟構造について述べると、胡四王神楽・幸田神楽は、過去に「岳神楽を学んだ」と神楽衆の間に伝えられてはいるが、早い時期に師とされる岳神楽との交流は途絶えており、独自に弟子をもち新たな師弟構造を形成してきた神楽である。過去の岳神楽との関わりが伝承として残されていないために、岳神楽の流れを汲むという認識はあるものの、弟子神楽という意識は希薄である。また、岳神楽を「親」、胡四王神楽・幸田神楽を「弟子」とすれば、「孫弟子」として位置付けられる高木小路神楽や堰袋神楽などの神楽群は、同様に早池峰岳系神楽と捉えることもできるが、親と弟子の関係が途絶えているために、実際の師匠である胡四王神楽と幸田神楽の弟子神楽として活動しているのが現状であり、旧東和町や他の地域の弟子神楽のように、親神楽からの公認の許状を得ることはないのである。

昭和以降に成立した幸田神楽の弟子神楽については、例年九月に開催される花巻まつりの権現群舞に参加する目的で弟子入りした事例が多く、当時は行政の働きかけもあり、従来神楽のなかった地域でも一時的に「権現舞」を習得して祭りに参加していた。しかしながら、その多くが数年の間神楽を継続した後に、人手不足のために中断している。

これまで旧花巻市の早池峰岳系神楽の事例について述べてきたが、総じて早池峰岳系の弟子神楽とみなされる神楽であっても、その存続の形は、地域の力に支えられ単独としての活動をおこなっている事例、あるいはみずから弟子神楽をもち相互に助力しあうことで、独自の神楽集団としての構造を形成している事例があることがわかる。いうなれば、親と独立した機能を有する「分散型」を呈しているといえよう。

胡四王神楽は高木小路神楽を含めて七団体、幸田神楽は堰袋神楽を含めてこれまで十団体の弟子神楽を組織していた。これらの弟子神楽について、名称と現在の活動の有無、および概要の調査をまとめたものを図表5に示した。

図表5　胡四王(矢沢)神楽と幸田神楽の弟子神楽

【胡四王(矢沢)神楽の弟子神楽】

名称	成立	経過
高木小路神楽	明治後期伝承 戦後に胡四王神楽の弟子となる	元は幸田神楽の弟子。松沢滝蔵氏が師匠をつとめる。元は「権現舞」のみであったが、「鳥舞」「三番叟」を習得。3年に一度、胡四王神楽は高木小路の夜神楽に呼ばれる。この慣習は明治の後期もしくは大正から続いている
下似内神楽	戦後に胡四王神楽の弟子となる	元は幸田神楽の弟子。谷川政雄氏が師匠をつとめる。元は「権現舞」のみであったが、現在「式六番」のいくつかを習得している。胡四王神楽との合同発表会など、子供たちの交流をもつ
小舟渡神楽	戦後に胡四王神楽の弟子となる	中島徳夫氏が師匠をつとめる。元は「権現舞」のみであったが、近年青少年に「式六番」のうち4つの舞を指導する
内高松神楽	戦後に胡四王神楽の弟子となる	元は幸田神楽の弟子。鎌田久一氏・中島徳夫氏が師匠となり指導を受け「権現舞」を舞っていた。平成に入り後継者不足のため中断
石持神楽	昭和40年頃に下似内神楽の弟子となる	下似内の高橋盛氏が師匠となり、「権現舞」を舞っていた。胡四王神楽からの直接の指導はなかったが、見学のために胡四王の社務所に何度か来たことがある。12年ほど前に中断
倉掛神楽	戦後伝承	戦後に鎌田久一氏・中島徳夫氏が師匠となり「権現舞」を舞っていたが、現在は中断
胡四王婦人神楽	同上	神楽仲間の妻たちの神楽

【幸田神楽の弟子神楽】

名称	成立	経過
中内神楽(東和町)	明治10年(1877)	中内の千葉儀三郎が中心となり、幸田の神官佐々木織人より教わる。中断
高木岡神楽	元治元年(1864)伝承 昭和初期、再び弟子となる	最初の弟子と伝えられる。獅子頭に「寛政11年(1799)」の銘あり。以前は「式舞」も舞ったが、大正年間から「権現舞」のみとなる。明治後半に下通・小路・堰袋に神楽を教えた
堰袋金比羅神楽	明治22年(1889)伝承	高木岡神楽から教わる。もしくは幸田神楽から神楽を教わったという伝承もある。現在は幸田神楽の弟子。「権現舞」を伝承
槻之木神楽	明治後期伝承	現在の下通り神楽。「権現舞」を伝承
安野神楽	同上	明治後期伝承の後、一時中断。数年前に再び幸田神楽の弟子となり指導を受ける
北小山田神楽	大正後期伝承	「権現舞」を伝承
田力神楽	昭和48年(1973)伝承	鎌田清氏が獅子頭を寄進したのがきっかけ。花巻祭りに参加するために弟子入り。「権現舞」を伝承
褁輪神楽	昭和50年(1975)伝承	花巻祭りに参加するために弟子入り。「権現舞」を伝承
平良木神楽	昭和51年(1976)伝承	同上
上駒板神楽	同上	同上

二　旧東和町の早池峰岳系神楽

（一）　旧東和町における早池峰岳系神楽

旧和賀郡東和町は岩手県の穀倉地帯の一つである。近世には旧仙台領と藩境が接していることなどの理由で、盛岡藩に重視されていた地域でもある。近代以降町村合併を繰り返した後、昭和三十年に東和町となる。[18]当時は二九六一戸で、人口は一六八五一人であった。平成十八年に花巻市と合併し、花巻市東和町と改められる。

旧東和町には古来、岳神楽や大償神楽の流れを汲む神楽が多く存在する。その理由としては町内の集落の多くが、かつて岳神楽や大償神楽の門付けの領域であったことがあげられる。そのなかでも、岳神楽の流れを汲むと伝えられる神楽には、およそ五十日にも及ぶ岳神楽の門付けの中継地点とされていた小山田の早池峰岳流石鳩岡神楽や、岳神楽最後の直系の弟子である早池峰岳流浮田神楽なども東和町に所在する。これらの神楽の詳細については、本章第五章を参照頂きたいが、以下に述べる内容は比較検討の必要性から、それと重複する部分も多いことをお断りしておきたい。

前掲『日本之芸能早池峰流山伏神楽』には、昭和四十四年（一九六九）当時の旧東和町近郊における「早池峰系山伏神楽推定分系図」と題した系譜が掲載されている。このうち早池峰岳系神楽は、丹内山神社神楽、早池峰岳流石鳩岡神楽（以下、石鳩岡神楽）、早池峰岳流白土神楽（以下、白土神楽）、八日市場神楽、砂子神楽、早池峰岳流中内神楽（以下、中内神楽）、田瀬神楽、早池峰岳流浮田神楽（以下、浮田神楽）、早池峰岳流駒形神楽（以下、駒形神楽）の九団体である。[19]

これらの旧東和町の早池峰岳系神楽の多くが、かつては「権現舞」と「式舞」の両方を舞うことができていた。

しかしながら平成十九年（二〇〇七）におこなった筆者の調査では、「権現舞」と「式舞」を舞うことのできる神楽は、石鳩岡神楽・浮田神楽の二団体に減少している。

旧東和町に伝承される神楽の成立時期をみると、早池峰岳系神楽では最も古いのが宝暦九年（一七五九）の丹内山神社神楽であり、以降文化二年（一八〇五）に石鳩岡神楽、文政三年（一八二〇）に白土神楽、天保年代（一八三〇～四四）に八日市場神楽、嘉永五年（一八五二）に砂子神楽が成立し、さらに明治期には中内神楽と田瀬神楽、大正五年（一九一六）には浮田神楽、昭和二十一年（一九四六）には駒形神楽が成立している。

（2）　旧東和町の早池峰岳系神楽の特徴

これまで述べてきた旧東和町の早池峰岳系神楽の特徴として、次の四点があげられる。まず、最初にあげられる特徴として、旧東和町のほとんどの神楽において、その成立時期や師匠などの由緒が明確に神楽衆に伝えられていることである。これについては、前述のように『日本之芸能早池峰流山伏神楽』のなかに、著者である菅原氏が昭和四十四年当時、神楽衆に伝承される神楽の成立由来を調査した内容が掲載されている。また、平成十九年の筆者による聞き取り調査においても、昭和四十四年当時の記録ほど明確ではないが、神楽の伝承由来が現在の神楽衆に引き継がれていることがわかる。この場合、「神楽伝授書」のような明確な史料がない限りは口伝であるが、伝承年代や伝承者が明確であることから、以前には伝承由来を記録されたものが存在していたのではないかと考えられる。調査のなかで伝承由来について問うと、「神楽の先輩からそう聞いている」、あるいは「以前には伝授書があったと聞いたこともあるが、どこにあるのかわからない」、もしくは「昔、（伝承由来を記した）そういうものがあったらしいが、火事で焼けたと聞いている」といった回答であった。

二点目の特徴としてあげられるのは、「神楽伝授書」と「神楽言い立て本（神楽本）」の所有についてである。いくつかの神楽は、親である岳神楽、もしくはその弟子である神楽から、正式な弟子と認められた神楽に授けられる「神楽伝授書」や「神楽言い立て本」を所有、あるいは過去に所有していたことが神楽衆に伝えられている。この「神楽伝授書」は、口伝による神楽の成立伝承のさらなる裏付けとなるものであり、このなかには、神楽を伝授した旨とともに伝授の時期と師匠の名が記されている。本来は神楽衆のなかでも代表者などの限られた人物、たとえば庭元（神楽の長・座元）や次期庭元となることが決定している人物でしか見ることのできないものであったとされ、多くの場合は木箱のなかに納められ、門外不出の家宝として神楽の代表者が管理している。

浮田神楽は大正五年（一九一六）に岳神楽の伊藤巳太郎氏を師匠に、浮田集落の阿部藤蔵氏と佐々木忠孝氏が神楽を習得した。その旨が師匠により記載された「神楽伝授書」が、現在の神楽保存会長宅に保管されている。このほかにも伝授書を現在も所有している、あるいは以前所有していたとされるのは、早池峰岳系神楽では丹内山神社神楽（宝暦九＝一七五九年）、白土神楽（昭和四年の火災で焼失。年代不明）、砂子神楽（岳神楽の弟子である丹内山神社神楽より嘉永年間＝一八四八〜五四年）、石鳩岡神楽（以前は所有していたが焼失）である。この「神楽伝授書」の詳細については、別の機会に稿を改めて述べたい。また「神楽言い立て本」についても、かつては弟子と認められた際に、岳神楽や師匠となった早池峰岳系神楽から授与されるものとされている。それぞれの師匠から譲られたことが伝えられる「言い立て本」が、前述の神楽のほかにもいくつかみられる。

また、三点目として弟子入り後の師弟関係が明確であることをあげたい。旧東和町の早池峰岳系神楽の多くが、現在は岳神楽、あるいは師匠となった早池峰岳系神楽との関係が希薄になっているとしても、大正・昭和のいずれかの時期までは、それらの神楽との相互関係があったことを古老が記憶、もしくは神楽衆に伝承されている。

これについては、「昔、門付けに来ていた」「戦後の人手不足を互いに補いあった」など、古老の記憶に残されており、早池峰神楽や師匠となった早池峰系神楽との過去の交流がうかがわれる。岳系神楽の白土神楽は、文政元年に白土の住人菅原鶴松が、岳神楽を師として神楽を伝授されたことが神楽衆に伝えられている。(20)

神楽衆への聞き取りによれば、「現在は岳神楽との付き合いはないが、以前は庭元家の氏神に岳神楽が権現舞を奉納しに来ていたことや、戦中戦後の人手不足による岳神楽の危機の際に神楽の手伝いに行ったことがあると、明治生まれの神楽の師匠から聞いたことがある」という。少なくとも昭和二十年代までは親である岳神楽との交流があったこと、さらに人手不足による神楽の危機を、弟子神楽が協力して乗り越えていた経緯もうかがわれる。

さらに四点目として「権現舞」と「式舞」の両方の舞の伝授があげられる。これについては近世期に成立した神楽はもちろん、明治以降数少ない岳神楽直系の弟子である浮田神楽も、「権現舞」と「式舞」の両方が伝授されている。これまで述べてきたことから、総じて旧東和町の複数の早池峰岳系神楽には、「権現舞」と「式舞」の両方の伝授と、その内容を記した「神楽伝授書」や「言い立て本」が親神楽から授けられていたことが指摘できる。

ここで、現在も岳神楽との師弟関係を保っている弟子神楽について着目したい。石鳩岡神楽は東和町小山田石鳩岡の駒形神社の奉納神楽である。その伝承由来は、平成二年発行『岩手の民俗芸能』(岩手県文化財愛護協会)の石鳩岡神楽の調査報告のなかに、以下のように記述されている。

伝承によると、文化二年(一八〇五)の頃、石鳩岡に住む菊池伝右ェ門(文久三年〈一八六三〉、七十三歳没)が小国常磐守藤原常正について習い、後に若堂役になった太田元の協力を得て同士をつのり、舞道具の類一切を取り揃えたので、天保五年(一八三四)初めて早池峰岳流神楽を名乗ることを許された(中略)奥付書などの古文書は昭和四十五年の火災で焼失してしまった(21)。

東和町小山田の石鳩岡集落は岳神楽が所在する大迫町と峠一つで隣り合っており、古来岳神楽の「霞」であった。毎年旧暦の二月一日に岳神楽が内川目からやって来て、石鳩岡を中継地点としておよそ五十日もの間、近隣の村を門付けをして廻っていた。岳神楽にとって石鳩岡集落は、岳集楽の経済を支える門付けの重要な拠点であったため、地域の人々との交流も深く、相互の地域での婚姻関係もあった。岳神楽の廻村巡業はすでに途絶えたが、このような状況のなかで石鳩岡神楽は開始以来、現在までも、岳神楽との交流を保っている。石鳩岡神楽の詳細については第五章でも述べる。

石鳩岡神楽は北上市の綾内《あやうち》神楽や夏油《げとう》神楽、遠野市の平倉神楽などの弟子をもち指導にあたっているが、このことを親である岳神楽も把握している。石鳩岡神楽や浮田神楽は、岳神楽から神楽を伝授された後も師弟関係を保ち、相互協力のもと早池峰岳系神楽として神楽を継続している。ここで重要なのは、これらの神楽は、神楽の成立当時における親神楽との師弟関係が明確であり、その後の交流も双方の古老により伝えられていることである。つまり明らかに師弟双方の立場で認識されている弟子神楽なのである。石鳩岡神楽の事例より、岳神楽が孫弟子にあたる神楽への伝承についても把握しているところから、縦列の伝播と継承、いわば「ピラミッド型」の伝播の形態が構築されている。

三　弟子神楽の条件

これまで旧花巻市と旧東和町における早池峰岳系神楽の特徴を述べてきたが、二つの地域にみられる早池峰岳系神楽の師弟関係は異なる形態をもつことがわかる。ここで改めて二つの地域の神楽の伝播形態を比較し、岳神楽における弟子神楽とはいかなるものかについて検討したい。

（1）　岳神楽との関係

神楽の成立時期や師匠などの由緒についてであるが、旧東和町の早池峰岳系神楽においてはいずれも成立年代や、岳神楽のなかの誰を師匠として教わったのか、までが明確である。さらに孫神楽においても、岳神楽の弟子のうち、どの神楽を師匠としたのかが明確である。さらに弟子入り後の岳神楽との師弟関係や交流が、古老により伝承されている。

一方、旧花巻市の早池峰岳系神楽においては成立年代が明確に伝えられているが、親である岳神楽との関係についての伝承は希薄である。「権現舞」と「式舞」の両方を舞うことのできる限られた神楽にだけ「昔、岳神楽に習った」もしくは「岳神楽とは早い時期に交流が途絶えている」という伝承が残されているものの、具体的に誰を師匠としたのかについての伝承は残されていない。

（2）　神楽の成立時期と舞の伝授

①明治期以降の「権現舞」と「式舞」の伝授

旧東和町の早池峰岳系神楽のほとんどが、明治期以前の成立であり、「権現舞」と「式舞」の両方を師匠から伝授されている。さらに明治以降成立の岳神楽の直弟子である浮田神楽、あるいは岳神楽が把握している孫弟子においても、師匠から「権現舞」と「式舞」の両方の舞が伝授されている。これらの神楽は、その内容を記した師匠ゆかりの「神楽言い立て本」や、「神楽伝授書」を有している事例が多く、各々の神楽舞の意義をともなって伝えられていると考える。

旧花巻市の早池峰岳系神楽においては、「権現舞」「式舞」の両方を舞うことができるのは、旧東和町の岳系神楽同様に明治期以前に成立したいくつかの神楽であるが、明治期以降に成立した岳系神楽については、「権現舞」のみの伝承であった。また、岳神楽からの「神楽伝授書」は見当たらず、同じく岳神楽由緣の「言い立て本」についても葛神楽の「早池峯山之神道より之伝」の書付のある元和四年（一六一八）の「言い立て本」と、大畑神楽の弘化二年（一八四五）の「言い立て本」がみられるのみである。

これらのことから、明治期以前に成立した弟子神楽は「権現舞」と「式舞」の両方を教えられていたこと、そして明治期以降であっても岳神楽が認めていた弟子神楽については、両方の舞の伝授が認められていたこと、さらにその証として「神楽伝授書」や「言い立て本」が師匠から与えられていたと推定できよう。(22)

②神楽の存続における「権現舞」と「式舞」の必要性

旧花巻市において、近年復興した神楽を除いて旧来活動を継続できている羽山神楽、葛神楽、幸田神楽、胡四王神楽については、いずれも過去に神楽の危機を乗り越えて、活動を維持してきた神楽群である。それを可能とした理由の一つとして、「権現舞」のみならず「式舞」の両方を舞えることにあったのではないか。

「権現舞」と「式舞」を習得するのには相当な年月が必要とされ、それを学ぶことのできる限られた者しか舞うことができない。神楽を舞う神楽衆は、かつては宗教者としての側面をもち、特別視されていた様子も各地域の人々の聞き取り調査からうかがえる。これらの神楽の所在する地域は早池峰山信仰圏にあり、地域の人々の厚い信仰により神楽が支えられている。早池峰山の神仏の化身として舞う「権現舞」はもちろん、悪霊や不浄を祓い浄める「鳥舞」や「八幡舞」、長寿を寿ぐ「翁舞」、そして稲作や山の仕事を営む人々にとって重要な豊穣神「山の神」など、いずれも人々の日常生活のなかに息づく神々を表現する舞であった。よって、「権現舞」と「式舞」の両方が奉納神楽として殊更に重要であったことが考えられる。あるいは、神楽の「霞」を守るためにも、「権現舞」と「式舞」の両方を舞えることが必要であったのではないか。

③「権現舞」のみの伝承

一方、前述のように旧花巻市内における早池峰岳系神楽のうち明治期以降成立の神楽は、「権現舞」のみを伝承している。これについては、居住する地域の神社例祭に神楽を奉納するのが目的であり、教わる側からすれば、すべての演目を習得するには何年もかかるため、奉納するのに必要な唯一の舞として「権現舞」のみを教わったことが推測される。「権現舞」を舞うことができれば村の神社例祭に神楽を奉納できるだけでなく、村内での門付けもおこなえる。したがって、他の村の神楽を頼む必要もなくなる。実際、これらの「権現舞」のみが伝承される地域には、かつては円万寺神楽や太神楽が来ていたことが調査のなかでもわかる。神社例祭に神楽を頼むには結構な謝礼が必要となり、逆にみずから神楽をおこなえば、それは収入となる。そういった地域の経済性も関わるのであろう。とすれば、たとえ「権現舞」のみの伝承であったとしても、神楽を始めることは信仰に基づくものであるが、伝承の形態からいえば、年月を重ねた本来の岳神楽の伝承とはまた形が異なるものである。これも近代における、神楽の新しい伝承の形として捉えられるであろう。

以上のことから、「権現舞」と「式舞」の伝授については、旧東和町の事例に見られるように、神楽舞の意義をともなって舞を伝授された「真の弟子」として認められるという精神的な側面と、旧花巻市の事例に見られるような、「霞」を守り収入を得るなどの経済的側面の二つの意味をもっていたとは言えないだろうか。

（3）伝播形態の相違

旧東和町の早池峰岳系神楽の伝播形態を「ピラミッド型」、旧花巻市の早池峰岳系神楽の伝播形態を「分散型」と定義したが、これについて両地域の特色から考えたい。

旧花巻市の矢沢・幸田・葛・羽山・金谷の地域は前述したように早池峰山・胡四王山・羽山を「早池峰三山」とする早池峰山信仰圏にある。特に胡四王神楽と羽山神楽は、この早池峰三山を祀る神社の奉納神楽であり、以前から地域住民の信仰が篤い。またいずれの地域も花巻市有数の穀倉地帯であり、地域の人々の農作物の豊穣を願う篤い信仰心により神楽が支えられている。各地域に多くの氏子や講を有していることから、百戸単位での門付けがおこなえるために収入もある程度確保でき、神楽の維持経営を可能としている。さらに氏子は、後援会などの神楽支援団体として機能している。

いわば地域内での神楽への関心が強く、援助が得られやすい環境にあるため、岳神楽との共存関係がなくとも、地域のなかで独自の活動が継続できたことが考えられる。また胡四王神楽や幸田神楽においては、独立した形でそれぞれが弟子神楽を有していることが特徴的である。

一方、旧東和町の早池峰岳系神楽は、前述したように岳神楽との関係性が明確であり、双方で師弟関係が認識されていることがわかる。これは旧東和町が早池峰山信仰圏にあり、岳神楽の経済を担う門付けの「霞」のなかでも重要視されていた地域であること、特に石鳩岡集落のある旧東和町小山田については、早池峰山信仰を基軸とした集落同士の付き合い、さらには婚姻関係など、神楽以外にも岳集落の人々との深い結びつきがあったことが、長期にわたる師弟関係の継続、ひいては神楽存続の理由となるであろう。旧東和町と旧花巻市の早池峰岳系神楽の伝播の形態を図にすると、図表6のようになる。

図表6　早池峰岳神楽の伝播

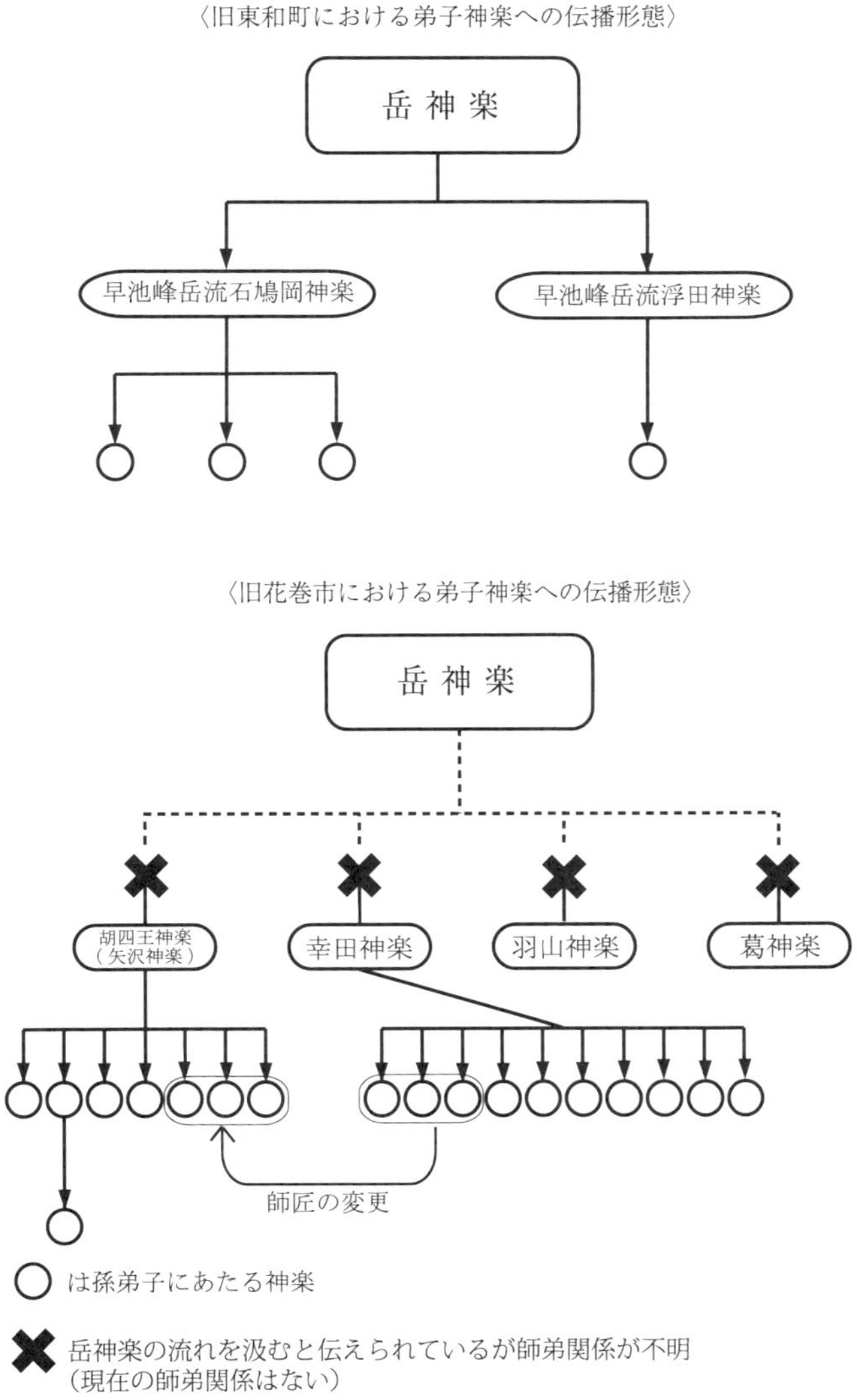

（4）　伝早池峰岳系神楽と早池峰岳流神楽

最後に神楽の名称について触れておきたい。

旧東和町の早池峰岳系神楽は、明治期に神楽の内容を変えた丹内山神社神楽とその弟子（砂子神楽・沼ノ沢神楽）を除いては、現在もその名称を「早池峰岳流」としていることから、かつて岳神楽の弟子であったことを認識していることがわかる。一方、旧花巻市内の早池峰岳系とされる神楽では、その名称に「早池峰岳流」と付加している事例はなく、ここにも認識の違いが現れていると考える。しかしながら、旧花巻市と旧東和町のこれらの神楽は、いずれも岳神楽の「弟子神楽」と同様に捉えられている。

筆者はこれまで、「岳神楽の流れを汲む」という伝承をもつ神楽を「早池峰岳系神楽」と総称して、それについて述べてきたが、さらにこれらの神楽を以下の二類型に分類した。

・岳神楽の流れを汲むという伝承をもつが、師弟関係の詳細は不明。実際には現在の師弟関係をもたない「伝早池峰岳系神楽」

・岳神楽との実際の師弟関係や過去の交流の痕跡を残し（あるいは現在も師弟関係をもち）、みずから早池峰岳流を名乗る「早池峰岳流神楽」

これを図表7に示す。

図表7　早池峰岳系神楽の分類

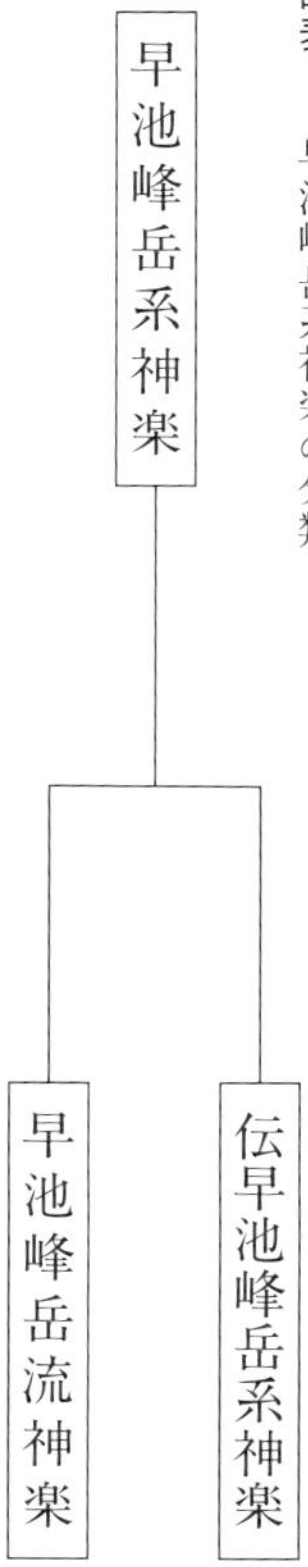

伝承者が称するのはともかくとして、研究者のなかでも流通している「弟子神楽」をあえて厳密に考えるならば、筆者が考える弟子神楽とは、

①過去に「権現舞」と「式舞」の両方の舞を師匠から伝授されている（同時に各々の神楽舞の意義を伝えられている）こと

②師弟関係が明記されている「神楽伝授書」や、師匠ゆかりの「言い立て本」や神楽道具を現在も所有していること、あるいは過去に所有していたこと

③伝承由来や過去の交流が明確であること

④相互に師弟関係を認めていること

等の条件を満たしている神楽である。

双方が師弟関係を認めることなしには、弟子神楽と呼ぶことはできない。特にある時期には、正式な弟子と認められるには「神楽伝授書」が必要であったことが考えられ、格式をもって親神楽から弟子神楽へ神楽が伝授されていたことがわかる。弟子神楽を語る上で「神楽伝授書」は欠かすことはできないのである。

まとめ

本章では、旧花巻市と旧東和町からみた神楽の伝播形態より、早池峰岳系神楽における「弟子神楽とは如何なるものか、どのような特徴があるのか」について考察してきた。その結果、弟子神楽と呼ばれるにあたっては、いくつかの条件が満たされるべきであることが明らかとなった。一方、旧花巻市でみられる神楽のように早い時期から独立した活動を可能としていたものについては、早池峰岳系神楽の分流といえよう。

今回報告した二つの地域における神楽の伝播形態は、現代において神楽が存続してゆくための形態と言えるであろう。今後、早池峰岳系神楽の弟子神楽について論じるにあたっては、その弟子神楽群のすべてを一様に捉えることなく、その経過や状況により分類検討する必要があろう。

本章では、「神楽伝授書」についても言及したが、早池峰岳系神楽では「神楽伝授書」や「言い立て本」などの史料を保存している事例がいくつかある。これらを検証することでこれまで口伝であったものを証明することができる。第四章では、こうした早池峰神楽の史料について検証した結果、解明できたことについて報告したい。

(1) 熊谷保・加藤俊夫『北上民俗芸能総覧』(北上市教育委員会、一九九八年、四六頁)。
(2) 熊谷章一執筆『花巻市史近世篇1』(花巻市教育委員会、一九七二年)、『花巻市史 近世篇2』(一九七四年)、『花巻市史近代篇』(一九六八年)参照。
(3) 「権現舞」は災厄退散と豊穣を予祝して、神楽の最後に必ずおこなわれる舞である。獅子頭の権現は、「神仏が獅子の姿を借りて人間の前にその存在を示す」と考えられており、岳集落や大償集落の守り神として信仰されている。同時に、獅子頭の権現は早池峰神楽のシンボルである。「式舞」は、いつどこで神楽を奉ずる場合でも、最初に必ず舞う重要な六曲(鳥舞、翁舞、三番叟、八幡舞、山の神舞、岩戸開)の舞である。一ノ倉俊一『早池峰神楽』(大迫町観光協会、一九八四年、七五・一三〇頁)参照。
(4) 菅原盛一郎『日本之芸能早池峰流山伏神楽』(東和町教育委員会、一九七九年)。
(5) 明治二十一年(一八八八)の町村制の公布により、花巻は矢沢村・宮野目村・湯本村・花巻町・里川口町・根子村・湯口村・太田村・笹間村に編成された。そのなかでも矢沢村は矢沢・幸田・高松・高木・東十二町目の五つの地区により構成され、戸数七八四戸、人口四一七五人と里川口村(戸数一〇〇九戸、人口四二七一人)に次ぐ規模であった。花巻市博物館編『花巻のあゆみ』(二〇〇四年、五頁)参照。
(6) 胡四王神楽の起源については、花巻市教育委員会編『花巻市の郷土芸能』(一九八五年、一四頁)による。

（7）神楽庭元の中島家に所蔵される「神楽人改」のなかには、安政己未年に中島卯八（写真1の文書中では「中嶋」と記載）が神楽宿となり、中島新蔵・米蔵・孫太郎・太郎助・由蔵の五名が神楽を始めた旨が記載されている。なお、嶽妙泉寺の第三十世住職の宥密は中島新蔵家出身であり、新蔵・米蔵の叔父にあたることが神楽衆に伝えられている。以上は熊谷章一『花巻市史(郷土芸能篇)』（一九六三年、五頁）、『胡四王山の世界』（花巻市博物館、二〇〇八年、四六頁）。山影長栄「胡四王山神楽のこと」（『花巻市文化財報告書　第六集』、花巻市教育委員会、一九八〇年、一五頁）を参照。

（8）『幸田神楽本』は、平成七年に現在幸田神楽衆である宍戸俊夫氏により、幸田神楽の沿革、「迎神太鼓神唄」「権現舞神唄」「神送り」「神楽言い立て」の複製、舞の解説、過去から現代における神楽衆の屋号と氏名、幸田流神楽団体（これまでの弟子神楽）名簿などが記載されており、幸田神楽のこれまでの流れを把握できる書である。なお「神楽言い立て本」は、安政二年生まれの宍戸長右エ門により記載されたものの複製である。『幸田神楽本』に記載される神楽の由来については、同じ内容の本が『花巻市の郷土芸能』や『花巻市史(郷土芸能篇)』にも収録されている。

（9）註（7）『花巻市史(郷土芸能篇)』、三～四頁参照。

（10）『岩手県の民俗芸能　岩手県民俗芸能緊急調査報告』（岩手県教育委員会、一九九七年、三〇頁）。

（11）円万寺神楽について、花巻市教育委員会篇『花巻市の郷土芸能』（一九八五年）四頁と『花巻市史(郷土芸能篇)』（註8）の記載によれば、正確な記録はないが早池峰大償神楽が成立した長享二年（一四八八）と同じ頃に、現在の花巻市湯口の円万寺に伝えられた神楽とされる。和賀二郡の領主である北松斎（一五二三～一六一三）に庇護され、過去には岳神楽や大償神楽、和賀大乗神楽などとともに広範囲の霞を有し、勢力をもち活動していたことが、古老により伝えられる。

（12）高木岡神社は神社周辺の地域のみならず、旧高木村全体の鎮守であり、現在も高木の各地域から二名の氏子代表が選出される。かつて火災の多かったこの地域では、以前から「権現舞」による「火伏せ」を高木岡神社に奉納している。現在も毎年四月七日に近い日曜日に高木岡神楽をはじめ、高木小路神楽・堰袋神楽・下通り（地乃神）神楽が集まり、合同で「火防祭」と称して「権現舞の火伏せ」を奉納している。

(13) 高木岡神社の由緒書によると「慶長八年（一六〇三）に五穀豊穣を祈願して伊勢外宮から稲倉魂命を勧請し、古くからあった大山祇命と合社した」とされ、高木地区の住民の信仰を集めている（高木岡神社創建四百年記念大祭事業実行委員会編『高木岡神社創建四百年記念誌』二〇〇四年、一五頁）。寛政九年（一七九七）の棟札には「出羽三山より奉建立、山宝宮成就所　祈元尊師自覚院」と記されており、出羽羽黒山と縁が深く羽黒山流修験の道場となっていたと伝えられる。近年までこの神社も含め、「羽黒山」と地域住民に呼ばれていた（『ふるさと太田』太田ふるさと再発見共同事業実行委員会、二〇〇七年、一四頁）、註(8)『花巻市史(郷土芸能篇)』、七頁）。

(14) 註(13)『高木岡神社創建四百年記念誌』、二五頁。

(15) 註(9)、七頁。

(16) 同右。

(17) 実際の高橋家の過去帳を確認したところ、安政六年(一八五九)の記載があり、この伝承は間違いないものと思われる。

(18) 東和町史編纂委員会編『東和町史上巻』(一九七八年、三六五・三八三頁)。

(19) 早池峰岳系神楽の九団体のうち丹内山神社神楽・砂子神楽・田瀬神楽の三団体は、明治初期に、山伏神楽の仏教的要素を排除して能の要素を取り入れた「社風神楽」へと形を変えていった。また註(4)『日本之芸能早池峰流山伏神楽』によると、早池峰大償系神楽の五団体には、さらに大償野口家流・三社旧大償流・田中新大償流の各流派が含まれている。大償神楽の各流派については、名称および現状を確認できていない。

(20) 白土神楽の成立年代を特定する史料は、昭和四年の火災などで焼失し残されていない。根拠は明確ではないが、焼失した伝授書に神楽成立の内容が記載されていたことが、神楽衆により伝えられている。註(4)『日本之芸能早池峰流山伏神楽』のなかには、白土神楽の菅原家所蔵「文政戌寅（元年、四月改元）吉辰正月」の神楽文書についての記載がある。岳神楽の弟子と伝えられるが、文政年代に白土の菅原鶴松（明治十五年没、八十三歳）が早池峰岳系の丹内山神社神楽を師匠に神楽を伝承した旨が記載されている。

(21) 岩手県文化財愛護協会編『岩手の民俗芸能』(岩手県文化財愛護協会、一九九〇年、三六頁)。

(22) 早池峰神楽における「神楽伝授書」は、以前は門外不出の家宝とされ、神楽の代表などの限られた者にしか見ることのできないものであった。現代においても、その内容を知るものはほとんどおらず、その存在のみが知られている状況である。しかしながら、その存在自体が神楽の由緒となり神楽の継続の原動力ともなっている。このように伝授書のような文書が、その内容にかかわりなく伝承に力を及ぼすことについては研究が進んでいる。笹原亮二氏編『口頭伝承と文字文化――文字の民俗学　声の歴史学』（思文閣出版、二〇〇九年）参照。

第四章「神楽由来書」と「言い立て本」——旧石鳥谷町を中心に

はじめに

これまで筆者は早池峰岳神楽とその弟子と称する神楽との師弟構造に着目し、岳神楽とその弟子神楽の調査を進めてきた。(1) その結果、岳神楽は単体としての芸能ではなく、師弟構造に基づく一つの組織として成立してきた芸能集団であり、師弟構造を保つことこそが神楽の維持を可能としてきたと考えている。師弟ともに認めるこの構造が早池峰神楽の特色の一つでもある。しかしながら、個々の弟子神楽の成立由来やその後の岳神楽との関わりの多くは口伝であり、加えて師匠である岳神楽と多くの弟子神楽との交流が、すでに途絶えていたこともあり、その師弟関係は次第に曖昧なものになっている。筆者はこれをできるだけ明確にするために、その手段として各神楽の詳細の聞き取り調査をおこない、保存されている史料の分析を試みることにした。

岳神楽における弟子神楽の形成過程にみられる特徴として、師匠から弟子に授けられる「獅子頭の権現」および「神楽伝授書（許状）」があげられる。これ以外にも「神楽言い立て本（神楽の歌本）」や「神楽面」などが、正式に弟子と認められた神楽だけに譲られたことが伝えられている。また、弟子神楽が独自に作成した「神楽由来書」を有する事例も複数ある。これらの史料を分析することで、個々の神楽成立の根拠が明確になるだけでなく、口伝による岳神楽の師弟関係を裏付けることができ、岳神楽組織の構造を明確にすることができる。

岳神楽について述べた研究書は多くあるが、個々の弟子神楽についての伝承由来や師弟関係など、岳神楽の伝播に触れた先行研究は非常に少ない。(2) そのなかで、岳神楽の流れを汲む神楽について、網羅的な調査をおこない記述した菅原盛一郎著『日本之芸能早池峰流山伏神楽』には、昭和四十四年（一九六九）当時の旧東和町（現花巻市東和町）近郊の弟子神楽の名称と、その伝承調査の結果に加えて当時いくつかの弟子神楽に保管されていた「神楽伝授書」や「神楽言い立て本」などの史料についても記録している。(3)

しかしながら、地域が旧東和町近郊に限定され、なおかつ成立年代は記されているものの、その根拠の記載が少ないため、系譜の確証が得られない。その後の早池峰神楽研究については、限られた弟子神楽の詳細についての報告はなされているものの、岳神楽の系譜に触れる研究は見当たらない。

そこで筆者は、『日本之芸能早池峰流山伏神楽』をふまえて、平成二十～二十二年（二〇〇八～一〇）までの間、岳神楽が所在する旧大迫町に隣接する旧石鳥谷町の、岳神楽の流れを汲む神楽の成立由来や経緯、および現状の調査を進め、神楽の成立由来と師弟関係を明確にする根拠となる史料の確認をおこなった。そのなかではこれまで取り上げられていない史料に出会う機会も得られた。本章では旧石鳥谷町における早池峰岳流神楽の経緯と現状を報告し、その特徴と、神楽がどのように伝播していったのかについて考察したい。

一　旧石鳥谷町の早池峰岳系神楽

旧石鳥谷町は岩手県有数の穀倉地帯の一つである。古来酒造が盛んで、南部杜氏の優れた酒造技術を誇る。旧石鳥谷町は稗貫氏の支配後、近世期盛岡藩の所領となった。その後、明治二十二年（一八八九）の町村制の施行

図表8　本章で取り上げる神楽の所在地

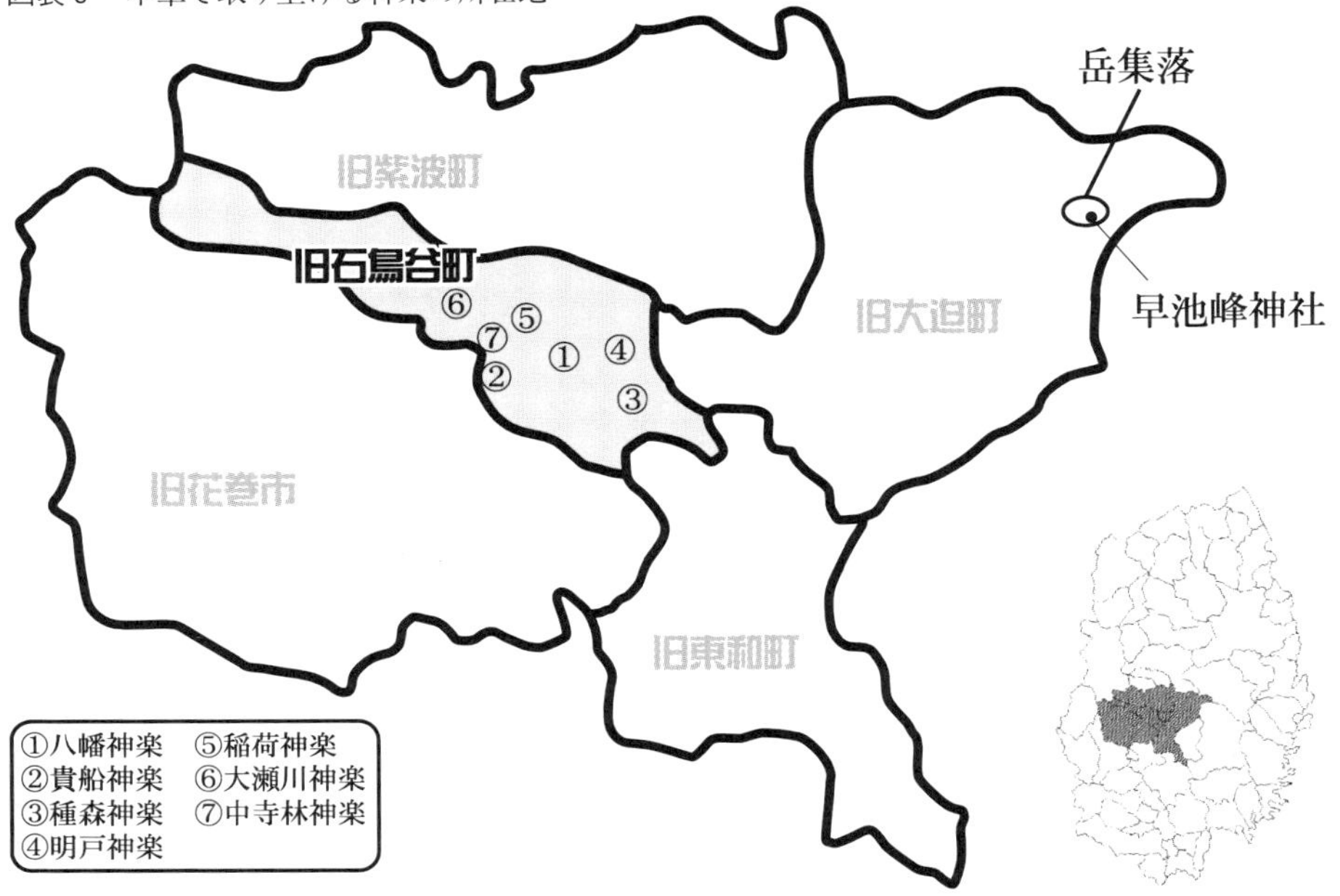

により、稗貫郡好地村（旧石鳥谷町の旧名）・八幡村・八重畑村・新堀村の四村に大きく編成され、さらに昭和三十年にそれらが合併し稗貫郡石鳥谷町となった。平成十八年に旧花巻市・旧稗貫郡大迫町・旧和賀郡東和町と合併し、現在は花巻市石鳥谷町となる（人口一五九五一人・二〇〇六年合併当時調べ）。

旧大迫町と隣接する旧石鳥谷町には、岳神楽の流れを汲む、八幡《はちまん》神楽・貴船《きぶね》神楽・種森《たねもり》神楽・稲荷《いなり》神楽・大瀬川《おおせがわ》神楽がある〔図表8〕。このうち八幡神楽・貴船神楽・種森神楽は岳神楽の直弟子であり、多くの弟子神楽のなかでも早い時期に成立したことが伝えられる。以下、これらの神楽の成立伝承および、経緯と現状を報告する。

二　八幡神楽とその系譜

（一）経緯と現状

早池峰岳流八幡神楽（以下、八幡神楽と称す）は、旧石鳥谷町八幡に所在する八幡神社の奉納神楽である。弟子神楽のなかでもその成立時期は早く、元禄元年（一六八八）の頃に八幡村の住人松ノ木（屋号）の大原源太郎という人物が岳に行き、岳神楽から神楽を伝授されたことが神楽衆に伝えられている。その後、田中家（屋号畑中）に庭元（神楽の長・座元）が引き継がれた。田中家は代々八幡神社の氏子総代の家柄であり、近年まで神楽の庭元を継承してきた。田中家には、安永二年（一七七三）銘の獅子頭の権現（現在は八幡神社所蔵）や、「神楽由来書」「神楽言い立て本」などの神楽に関わる資料が所蔵されている。

　また、八幡神社には、銘はないが元禄元年のものと伝えられる獅子頭の権現が所蔵されている。この獅子頭の権現は太鼓（神社所蔵）とともに、弟子入りの際に岳神楽より伝授されたものと八幡神楽衆に伝えられ、これが八幡神楽成立時期の伝承の根拠となっている。

　戦前が八幡神楽の最盛期であり、早池峰神楽の主たる演目である「権現舞」と「式舞（式六番）」の両方を舞い、また近隣集落を獅子頭の権現を奉じて廻る門付けも盛んにおこなわれていた[4]。門付けの際は、獅子頭の権現を安置してあった田中家から権現を奉じて出発し、石鳥谷八幡神社で参拝し、そのあと胴前・下通り・北向《きたむかい》・番屋の四つの地域を廻った。最後には田中家に戻り、獅子頭の権現を元の場所に納めたあと、神楽衆皆で酒を飲んだという。門付けは数十年前に人手不足のために中断した。

　八幡神楽はかつて成田神楽（北上市・文政五年〈一八二二〉伝承）と大瀬川神楽（石鳥谷町・明治三年〈一八七〇〉伝承）を弟子としていた。成田神楽には以前、八幡神楽からの「神楽伝授書」を有していたことが伝えられるが、現在紛失している。成田神楽はさらに更木《さらき》神楽（北上市・慶応三年〈一八六七〉伝承）を弟子にもち、更木神楽は太田神楽（花巻市）を弟子とした。このように、八幡神楽を経て岳神楽の流れを汲む神楽が、複数の地域に伝播した。

戦後、八幡神楽は舞い手が不足し一時中断した。その復興のため菊池善五郎・田中末蔵・長澤宗一・玉山規矩夫の各氏が中心となり活動したが、師匠である岳神楽との交流は早い時期に途絶えているために、かつて大償流千刈田神楽に所属していて、旧石鳥谷町八幡に婿入りしていた平沢皆一氏から、「権現舞」と「御神楽《みかぐら》（神楽拍子）」を教わった。昭和三十年代に再度継続が難しくなり、その時は以前大償流砥森《ともり》神楽に所属し、旧石鳥谷町北向に在住していた佐藤正義氏より、「権現舞」と「御神楽」の指導を受けた。現在は佐藤氏を大師匠とし、田中潔氏が保存会会長となり、「権現舞」を唯一の演目として八名の神楽衆で活動している。主な活動の場は元旦祭・三月春祈禱・九月例大祭・十一月新嘗祭などである。

畑中田中家には前述のように銘入りの獅子頭の権現のほかに、「神楽由来書」「神楽言い立て本」が保存されており、それらの史料について次項にて述べたい。

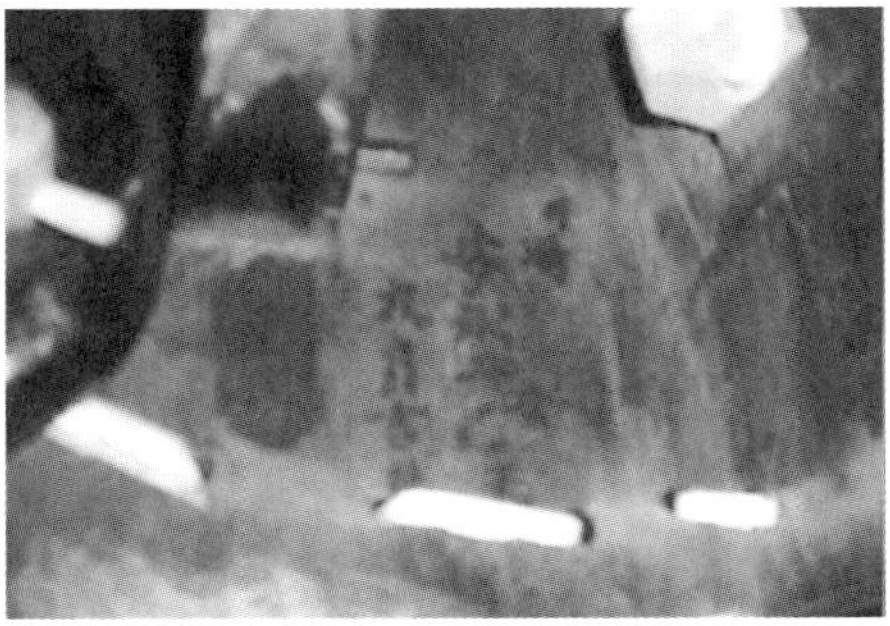

写真16　八幡神社　獅子頭権現内部の銘
「折時　安永二癸巳　九月吉日」との記載が見える。

（2）史料

①獅子頭の権現（八幡神社所蔵）

八幡神楽には、岳神楽から伝授されたと神楽衆に伝わる獅子頭の権現が八幡神社に奉安されている。一体は無記銘であるが、元禄元年（一六八八）のものとされる獅子頭の権現であり、もう一体は顎のなかに安永二年（一七七三）銘の記載がある（写真16）。現在も祭礼等では、安永二年銘の獅子頭の権現を奉じて神楽が舞われている。この安永二年の獅子頭の権現には、岳早池峰神社所蔵の文禄四年（一五九五）銘獅子頭の権現と同様の花模様の彫刻が頭頂部に施してあることが特徴的である。岳神楽ではこれを、嶽妙泉寺（現在の早池峰神社）の本寺である仁和寺ゆかりの「菊花の紋」としており、本来岳神楽の獅子頭の権現にしかこの紋を使えないことになっていた。

各所の弟子神楽が所蔵する獅子頭の権現のなかでも、筆者のこれまでの調査で菊花紋が確認できたのは、八幡神楽と次項で述べる種森神楽、および岳流赤沢神楽（紫波町）の三か所のみである。いずれも神楽の成立は近世期（赤沢神楽は天明二年〈一七八二〉、種森神楽は文政五年〈一八二二〉）であるが、菊花紋の由来は不明である。八幡神楽の安永二年銘獅子頭の権現には、内部両側面に製作年代などの銘があるが、文字の輪郭がかすかに読み取れる状態でその内容が不明瞭である。しかしこれについては、昭和三十六年に作成された『八幡神楽巻物』のなかに、当時読み取ることができた、以下の記載を見ることができる。

本山流　八幡堂　熊野根源三峯　獅子開眼導師　一明院秀継（カ）談　印示之

願主　万蔵院　折時　安永二癸巳　九月吉日

この「一明院」とは、盛岡藩が修験統制のために地域に配置した年行事の花巻地方の筆頭修験であり、また「万蔵院」とは安永期に石鳥谷八幡村に配置された年行事である[5]。このことから神社の祭祀に修験の関わりがあったことがわかる。早池峰神楽は修験の関わりのなかで伝承されたことが伝えられており、八幡神楽においても同様の可能性がある。しかしながら、八幡神楽の始祖である大原家がかつて修験であったかどうかについては確認できない。

また田中家については寛文五年（一六六五）に相模国を経て八幡村に定着した一族であり、正徳五年（一七一五）の八幡宮（現在の八幡神社）棟札には「肝煎　畑中惣兵衛」と田中家の屋号の記載があり、当時田中家は肝《きも》

煎《いり》として存在していたことがわかっている。(6)

②由来書・神楽衆名簿

『八幡神楽巻物』は、昭和三十六年に石鳥谷八幡在住の菅原善六氏が、神楽衆からの依頼により作成したものである〔写真17〕。内容は大きく分けると、〈早池峰岳神楽の由来〉〈八幡神楽の由来〉〈歴代神楽衆の系譜〉〈弟子神楽の弟子入りの経緯、および神楽衆の名記〉で構成され、神楽の由来書にあたる。〈八幡神楽の由来〉では、神楽の経緯についての記載、さらに獅子頭の権現の由緒や当時奉安されていた寺院、獅子頭の内部に記載されている奉納者についても記録されており、前項で述べた現在不明瞭となった墨書きの文字の確認ができる。また、

写真17　八幡神楽巻物

三代目の神楽衆（安永時代）には、「八幡神楽　畑中」と田中家の屋号の記載がみられる。〈歴代神楽衆の系譜〉においては、神楽初代の「松ノ木　大原源太郎」から始まり、その後、昭和二十二年までの十四代にわたる神楽衆の氏名が掲載されている。さらに、各時代の岳神楽の師匠名の記載のある箇所もある。

以下に岳神楽との関わりを示す箇所を掲載する。

三代　昭和三十五年ニテ二百二十四年　元文元年
　諏訪金十郎　大原源治ニテ　若者五六名内立其の際モ
　嶽より師匠を頼み練習致しなり
（中略）
八代　昭和三十五年ニテ九十五年　慶応元年　当時岳より師匠

鎌津田要助　伊藤徳治　鎌津田林之助
当八幡　菊池儀蔵　田中徳蔵　大原峯吉　平沢丑五郎
　藤原興右衛門　玉山儀蔵　玉山丑松

このような記録から、いくつかの特徴が明らかになってくる。一つは、神楽は決まった家の男子が担っていたことであり、八幡神楽の場合は初代の大原家に加え、田中家・平沢家・菊池家・玉山家が、現代に至るまで神楽衆としてその名を連ねている。少なくとも明治期以降の神楽衆は、これらの家の長男の氏名であることが確認され、あるいは明治期以前から「家意識」がもたれていたことがわかる。伝承によれば、神楽は富をもたらすために、決まった家の長男でなければ舞うことができなかったとされ、このときすでに長男の特権として捉えられていた。八幡神楽の巻物は時代的には新しいものであるが、歴代神楽衆の項は初代からの記載、さらに八代からは師匠の氏名と神楽衆の氏名が詳細に記されており、作成された昭和三十六年に原本となるものの存在があったのではないかと推測される。

さらに、〈弟子神楽の弟子入りの経緯、および神楽衆の名記〉については、文政五年（一八二二）の弟子である成田神楽について、師匠となった八幡神楽衆の氏名と時期、そして弟子入りした神楽の名称のみが記載されているが、明治以降弟子となった大瀬川神楽については、弟子神楽衆の氏名も明記されている。文末には「右の仲間に御神楽舞を伝受することを証す」とあり、早池峰神楽特有の「神楽伝授書」の様相を呈している。以下に大瀬川神楽の記載事例を掲載する。

八幡神楽八代目の門人　石鳥谷町大瀬川神楽　明治三年
当時八幡より出張師匠　初めの先生　菊池儀蔵（略）

大瀬川神楽座元和野　初代元祖　高橋藤兵エ（略）
二代　庭元和野　高橋藤左エ門（略）
右の仲間に御神楽舞を　伝受することを証す　大正四年八月　岳神楽門人
田中徳蔵　八幡神楽門人　花巻市西宮野目　明治二十年頃
当時師匠　田中徳蔵

「当時八幡より出張師匠　初めの先生　菊池儀蔵」以下には、五名の師匠の氏名が記載され、「大瀬川神楽座元和野　初代元祖　高橋藤兵エ」以下には、十名の神楽衆の氏名が、そして「二代　庭元和野　高橋藤左エ門」以下には、九名の神楽衆の氏名が記載されている。

弟子神楽の項については、「当時」という表現や現住所の記載など、新旧の内容が混在する感があるが、昭和三十六年に作成されたにもかかわらず「右の仲間に御神楽舞を伝受することを証す　大正四年八月」のように具体的な記載があることから、歴代の神楽衆名簿同様に原本となるものが存在していたのではないだろうか(7)。

なお、岳神楽門人および八幡神楽門人に「田中徳蔵」の名の記載があるが、岳神楽衆には田中姓が存在しないため、これは同一人物と思われる。田中徳蔵（嘉永三～明治三十年〈一八五〇～九七〉没）は、かつて神楽の庭元家であった田中家の現在の当主（田中晃氏）の四代前にあたる。田中徳蔵が岳神楽の弟子としての認識をもっていたこと、さらに「岳神楽門人」とするところから、岳神楽との深い関わりをもっていた可能性も考えられる。

このような形式の神楽由来書は、早池峰流弟子神楽のいくつかが保存している。神楽由来書は、通常は師匠からの「神楽伝授書」とともに保管されており、その内容として〈弟子入りの経緯（神楽の始祖）〉と〈歴代神楽衆の系譜〉に、いくつかの神楽で明治以降記載したものを見ることができる。赤沢神楽、更木神楽などにも同様のものがあり、また葛神楽（花巻市葛）では、石碑に「神楽先生」として代々の神楽衆の名前を刻印している。近代に入り、文字としての記録を残そうとしていたことがうかがえる。

③「神楽言い立て本」

田中家の『御神楽幕出し本・言い立て本』には、「式舞」などの二十八の舞の言い立てが記載されている。裏表紙には、「言い立て本」の所有者である田中晃氏の曽祖父にあたる、田中善吉氏（明治十九～昭和二十二年〈一八八六～一九四七〉没、田中徳蔵の長男）の署名がある。そのすべての演目を舞っていたかについては不明であるが、戦前にはこのうち「鶏舞」「翁舞」「三番叟」「八幡舞」「山の神舞」を舞っていた。現在は「権現舞」のみを舞っており、演目数が変化していることもわかる。また、『明治二五年　軸業狂言・狐捕狂言』については、現在は早池峰流の神楽ではほとんどおこなわれることのない演目であり、貴重な史料となる。

「神楽言い立て本」は岳神楽では「舎文」と呼ばれるが、一般には「言い立て本」「エゴト本」「神楽本」とも呼ばれ、岳神楽衆の間では古い時代に弟子として認めた神楽に伝授していたことが伝えられている。しかしながら、実際に岳神楽から伝授されたと思われる「言い立て本」は少ない。多くは近世後期から明治期にかけて、弟子神楽の周辺の書字ができる学識者に依頼し、口伝の言い立てを文字で記録し、独自に作成したと思われる「言い立て本」である。そのため、言い立て（舎文）の記載には、当て字や各地の方言での表現もみられる。本来、神楽は口伝とされているが、近世後期から言い立て（舎文）を記録に留めようとした動きがあり、さらに明治期になると複数の「言い立て本」が見られるようになる。これらの「言い立て本」の詳細については、別の機会に改めて述べたい。

三　貴船神楽とその系譜

（一）経緯と現状

早池峰岳流貴船神楽（以下、貴船神楽と称す）は、旧石鳥谷町南寺林に所在する貴船神社の奉納神楽である。古くは南寺林神楽・貴船神社神楽と呼ばれていたことが、神楽に残されている「言い立て本」からわかる。

貴船神楽の成立は、文政元年（一八一八）に岳神楽から神楽を習得した修験が南寺林にやって来て、獅子頭の権現を奉じ神楽を始めたという伝承が神楽衆に伝えられている。この修験は、現在の南寺林の鎌田家（屋号・大蔵院）の祖先（鎌田コウケイ、書字不明）とされる。あるいは、文化年代（一八〇四～一八）に南寺林の大蔵院住職の修験が岳神楽を習得し、郷里に戻り息子の広観と和七という者にこれを伝え、文政元年に改めて岳神楽から許しを得て南寺林貴船神社神楽が始まったことが伝えられている。

その後、広観と和七が中心となり、有力者鎌田政喜の後援により神楽をおこない、さらに岳神楽より神楽や狂言の教えを受けたとも伝えられる。言い伝えに若干の違いはあるが、いずれにしても修験が神楽の始祖であること、文政元年に岳神楽から許しを得たこと、鎌田家が神楽に関わる家であることが共通している。代々鎌田家は、岳神楽から譲られたとされる獅子頭の権現を祀ってきた(8)。

貴船神楽は戦前から盛んにおこなわれていたが、戦中は神楽衆のうち小田島儀一・鎌田伊佐夫両氏ら数名のみが残る状況であったため、幕神楽は中断し、神社例大祭の時に御神楽（神楽拍子）のみをおこなっていた。戦後、菊池嘉一氏らがこれに加わり神楽を再開した。後にこの衆が現在の神楽衆の師匠となり、昭和三十年代頃まで神社例大祭や新築祝い、厄払い、結婚式などで盛んに神楽を舞っていた。

現在貴船神楽は工藤修一氏を代表として、三十歳代と六十歳代を中心に十名の神楽衆で活動している。人手不足のために、昭和四十年代から女性も神楽に参加させ、「鳥舞」や「三番叟」「シタ舞」を舞った。現在も、一名の女性が神楽に参加している。演目は「権現舞」と「式舞」の両方を伝承しているが、神楽衆の不足のために幕神楽をおこなうこと自体が困難となりつつある。

神楽の活動については、九月九日の貴船神社例大祭をはじめ、年五回の神社例祭が中心である。以前は新築祝いや厄払いに呼ばれることが多かったが、現在はほとんど呼ばれなくなった。また、毎年旧石鳥谷町の神楽大会に出場していたが、人手不足のため参加が困難な状況である。以前は神楽衆のほとんどが専業農家であったため、神楽の稽古は、農繁期を過ぎた十二月から三月に毎晩おこなわれていた。現在は会社勤めの神楽衆も多くなり、また師匠である六十～七十歳代の神楽衆の体調などの事情で、継続した稽古が難しくなっている。また地域内では嫁不足のために、独身者も多く子供も少ない状況から、神楽の後継者と存続について心配されている。門付けは現在もおこなわれており、以前は十二月のうち三日間、南寺町内の氏子七十軒を廻ったが、現在は十二月の第二土曜・日曜日の二日間と決めて六十軒ほどを廻る。

貴船神楽は獅子頭の権現三体、文政八年（一八二五）と天保四年（一八三三）銘の「神楽言い立て本」二冊を保存している。また、昭和期の貴船神楽の「言い立て本」（旧大迫町・伊藤家所蔵）には「岳から教わる」との記載があり、岳神楽との師弟関係があったことがわかる。現在岳神楽との師弟関係は途絶えているが、同町内の大瀬川神楽との親交をもち、互いの人手不足を補い助力しあって神楽を継続している。昭和十一年（一九三六）に旧石鳥谷町中寺林《なかてらばやし》地区の中寺林神楽が弟子入りし、「権現舞」のみを習得したが、現在は中断している。

（2） 史料

①獅子頭の権現（貴船神社所蔵）

貴船神楽には、代々伝わる獅子頭の権現が貴船神社に三体奉安されている。三体のうち、二体に奉納日の記載があるが、うち一体は昭和二十四年の奉納者として九名の神楽衆の氏名を読み取ることができ、戦後盛んに神楽がおこなわれていたことがわかる。獅子頭の胴幕には、紺地に横に伸びる三・五・三の白線に、「貴船大神」「貴船神社」、三・七・五の白線に「貴船神社」と染め抜かれている。

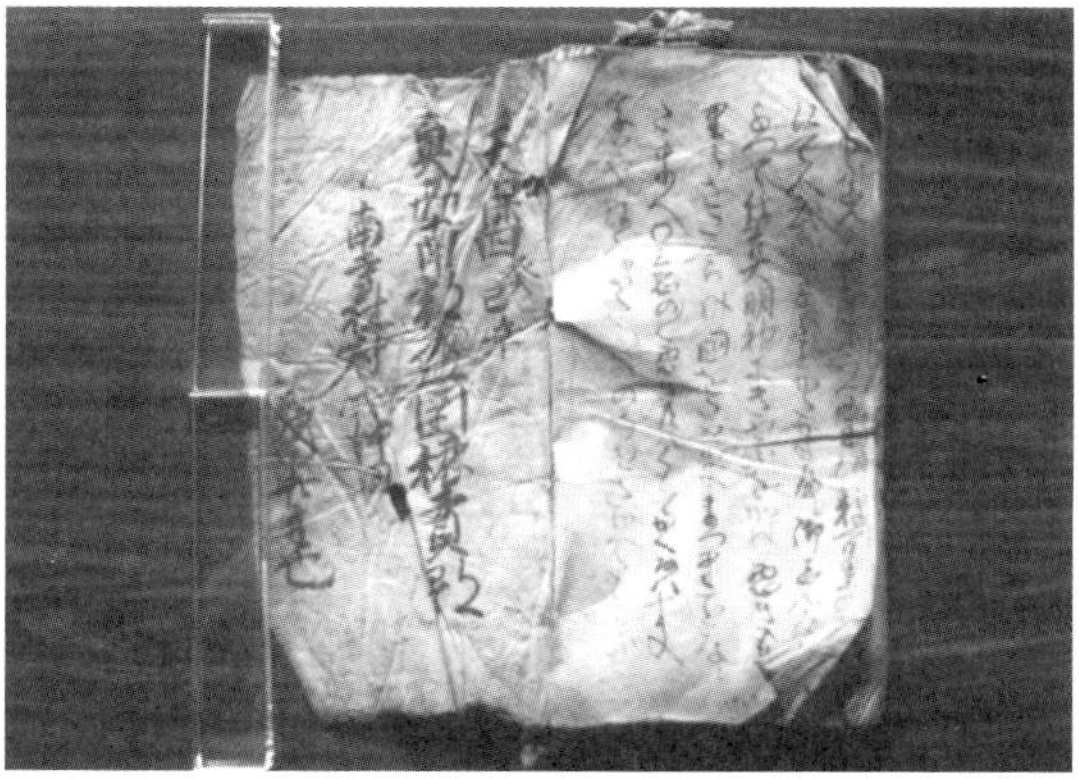

写真18　貴船神楽言い立て本（天保4年）

②「神楽言い立て本」

貴船神楽で特筆すべきは、二冊の「神楽言い立て本」の存在である。前掲『日本之芸能早池峰流山伏神楽』によれば、「文政八年の歌本がある」との一文がある。今回の調査では、さらに天保四年（一八三三）銘の「言い立て本」を見つけることができた（写真18）。二冊とも桐箱入りで、比較的保存状態も良い。銘は「言い立て本」の末頁に、次のように記載されている。

【文政八年「言い立て本」】

文政八酉年　正月吉日　下沖田庵　□□　和七

【天保四年「言い立て本」】

天保四癸巳年　奥州南部盛岡稗貫郡　南寺林村下沖田　鎌田喜□

也

この神楽の成立年代について、菅原盛一郎氏は『日本之芸能早池峰流山伏神楽』のなかで、文政元年（一八一八）と同八年（一八二五）を記載している。おそらく文政八年記載の「言い立て本」を神楽が所有する数年前から、すでに神楽が始まっていたと判断したためと考えられる。(9) 筆者が平成十九年に調査した旧東和町の石鳩岡神楽の事例からも入門後数年経てから、正式な弟子として認められていたことがわかる。(10)

ここで文政八年と天保四年の「言い立て本」に記載される演目に注目すると、以下のようになる。

◎『神楽』（文政八年「言い立て本」　二十二演目が記載される）

「鳥舞」「翁幕出し」「三番叟幕出し」「八幡舞」「山神」「岩戸幕出し」「牛頭天王」「水神」「五大龍」「大蛇」「悪神退次」「命揃」「年□《寿カ》」「□《草カ》隈（天熊人五穀）」「蕨折幕出し」「木曽幕出し」「□□幕出し」「潮汲幕出し」「橋《掛けカ》引幕出し」「曽我兄弟」「てんにゃう《天女カ》幕出し」「三韓退治」

◎書名不明本（天保四年「言い立て本」　二十三演目が記載される）

「鳥舞」「翁舞」「三番叟幕出し」「八幡舞」「山神幕出し」「岩戸岩開き」「牛頭天王」「天下り」「松むかへ」「水神」「悪神退次」「五穀」「命揃」「□隈まく出し」「木曽幕出し」「機織幕出し」「□□幕出し」「潮汲幕出し」「橋《掛けカ》引幕出し」「曽我兄弟」「天女まく出し」「くらまてんぐまく出し」「三加退次」

早池峰神楽の主たる舞である「式舞（式六番）」は、いずれの「言い立て本」にも記載がある。二冊の「言い立て本」を比較すると、文政八年銘に記載のある「五大龍」「大蛇」「年寿」「蕨折」「てんにゃう」等は天保四年銘にはなく、新たに「天下り」「松迎」「五穀」「機織り」「くらまてんぐ」などが付加されている。

このように新しい演目が加えられていることから、神楽伝授のあとも師弟関係が継続し、新しい演目を習得していったことが考えられる。実際の伝承にも、師弟関係は継続していたことが伝えられている。また、前述のように演目の表記について、「尊揃」が「命揃」とあるような若干の違いがあるが、なかには「三韓退治」が「三加退次」、「悪神退治」が「悪神退次」、「天熊人」が「草隈」のような当て字も見られる。

これらの演目は、昭和の時代には「鳥舞」「翁幕」「三番叟」「八幡舞」「山神」「岩戸開き」「松迎」「鐘巻」「鞍馬」「五穀舞」「天王舞」「天降り」「水神」「蕨折」「機織り」と十五演目となり、さらに最近まで舞っていた演目については、「鳥舞」「翁幕」「三番叟」「八幡舞」「山神」「岩戸開き」「松迎」「鐘巻」「鞍馬」「天王舞」「天降り」の十一演目と徐々に減ってきていることがわかる。これは経験者の減少と神楽衆の不足によるものであり、さらに現在においては、「式舞」や「神舞」などの幕神楽をおこなうこと自体が困難となってきている。

③由来書

『南寺林神楽由来』は、昭和五十一年(一九七六)に旧石鳥谷町南寺林の高橋清一氏が神楽保存会から依頼を受けて作成したものである。内容は、〈南寺林神楽の成立由来〉〈歴代神楽衆の系譜〉で構成されている。時代的には新しいものであるが、特に歴代神楽衆の項は初代から詳細にわたり記載されているため、昭和五十一年記載時に原本となるものの存在があったのではないかと推測されるが、詳細は不明である。

この由来書によると、文政元年神楽開始当時の神楽衆として、大蔵院住職であった山伏とその息子である広観、さらに和七等の名が見られる。これらの史料を合わせみると、文政八年(一八二五)の「言い立て本」は初代の神楽衆が利用していたものであることがわかる。とすると、弟子入りの時期はこれより早い時期となる可能性が高い。このように貴船神楽は、神楽の始祖や代々の神楽衆が明確であり、開始時期を示す「言い立て本」を所有しているため、成立の伝承が証明できる。

しかしながら岳神楽との関係は、大蔵院住職「鎌田コウケイ」という修験者が弟子入りをしたことが伝わるのみで、岳神楽との直接的関わりを示すものではない。この大蔵院の修験については、寺林通寺林村の羽黒派閥、一明院支配の修験として『神職修験面附』という記録に記されている。(11)早池峰神楽が別名山伏神楽と呼ばれる由来も、初期には修験者から修験者に神楽が伝播したという旨から呼ばれる名称であることから、貴船神楽も同様に定着していったものと考えられる。

四　種森神楽とその系譜

(一)　経緯と現状

早池峰岳流種森神楽（以下、種森神楽）は、旧石鳥谷町新堀明戸に所在する新堀八幡神社の奉納神楽である。種森神楽の成立は、文政五年（一八二二）に地域の住人の沢藤伝五郎親子が新堀に門付けに来ていた岳神楽に弟子入りし、文政十一年に神楽を舞う許しを得たことが神楽衆に伝えられる。沢藤伝五郎の家は、現在の神楽代表である沢藤弘氏の本家にあたる。

昭和三十年頃には、同様に岳神楽の流れを汲む新堀の明戸《あくど》神楽と合同で、岳神楽を新堀八幡宮の例大祭の奉納神楽に招いている。明戸神楽もまた新堀八幡宮の奉納神楽であり、昭和三十年頃までは二つの神楽は隔年で奉納神楽をおこなっていたが、以降明戸神楽が人手不足のため幕神楽ができなくなったため、現在は種森神楽が毎年例大祭で神楽を奉納している。

岳神楽と種森神楽との師弟関係は終戦まで続いた。先代の神楽衆である佐々木亀蔵と佐々木永喜の両氏（明治生まれ）が、戦後に岳神楽の人手不足を補いに岳に出向き、また昔の岳神楽の舞の形を教えたことなどを話していたと、現在の神楽衆が記憶している。神楽の最盛期は、昭和四十年代頃であったという。

現在、種森神楽は沢藤弘氏を代表に四十歳代から八十歳代の八名の神楽衆で活動している。近年人手不足から、女性の神楽衆も受け入れたこともある。演目は「権現舞」「式舞」の両方を舞うことができる。九月十五日の新堀八幡宮の礼大祭のほか、旧石鳥谷町の熊野神社や、日詰地区の大日堂・観音堂・島野神社など四か所での奉納神楽をおこなっている。さらに、歳祝や交通安全祈願などの依頼も受けることがある。

昭和五十五年頃までは門付けがおこなわれており、新堀の三分の一のおよそ二〇〇件の民家を廻り、一軒の家から米一升と麻の糸を奉納された。神楽の稽古は以前は毎日おこなっていたが、会社勤めなどの理由で時間を合わせるのが難しくなり、現在はイベントの前にまとめて稽古をおこなうようになった。

種森神楽は従来の舞の形を変えておらず、昔の岳神楽の舞の姿を保っているということを神楽衆の誇りとしている。また「神歌」も、岳神楽から伝承された当時のものをそのままに伝えているとされる。獅子頭の権現三体、「言い立て本」一冊、衣装などを保存する。

旧石鳥谷町北寺地区の稲荷神楽が弘化二年（一八四五）に弟子入りし、その後の師弟関係は現在も継続しており、舞の指導や人手不足を互いに助け合いながら互いの神楽を継続している。

（2）史料

①獅子頭の権現（種森神楽庭元家所蔵）

種森神楽で特筆すべきは、所有する獅子頭の権現についてである。種森神楽には、現在三体の獅子頭の権現が神楽別当家に安置されている〔写真19・20〕。一体は無記銘であるが、二体は獅子頭の内部に次のような記銘がある。

【文政十二年（一八二九）銘の獅子頭の権現】

文政十二年　東嶽　早池峰山　社家　小国日向正□

藤原由貞　七十　丑九月日

【昭和八年（一九三三）銘の獅子頭の権現】

写真19　種森神楽　銘獅子頭権現（文政12年）
顎の内部に銘が記され、藤原由貞らの氏名が記載されている。額面には菊花の彫刻が見える。

写真20　種森神楽　獅子頭権現と胴幕

昭和八年□　早池峯大神　小国次郎

東嶽とは早池峰山の旧名であり、岳集落の藤原家・小国家（日向坊）と小国家（高台坊）は妙泉寺を守る六坊のうちの二家である。また、種森神楽の文政十二年銘と昭和八年銘の獅子頭の権現には、岳神楽の文禄四年銘獅子頭の権現と同様の菊花の彫刻が前額面に施してあることが特徴的であり、岳集落および岳神楽との関係を示すものと言ってよいであろう。さらに、獅子頭の胴幕の文様は、岳神楽と同様に紺地に一本・六本の横に伸びる線を染め抜いたものであり、弟子神楽でこの文様の胴幕をもつ事例はめずらしい。

これについて、岳神楽の小国朋身氏（現保存会会長）によれば、一・六の文様は妙泉寺と岳の六坊を意味するともいわれ、昔は岳神楽しか使えない文様とされていた。種森神楽の獅子頭の権現と胴幕は、岳にあるものと同一に見えるため、古い時代に岳から譲られたものではないかという。新しい獅子頭の権現が奉納されると、それまでの獅子頭は「ご隠

図表9　種森神楽神歌（全文）　（沢藤弘氏所蔵）

拝司

南無《なむ》初大《はつだい》帰命《きみょう》頂禮《ちょうらい》懺愧《ざんぎ》懺悔《ざんげ》六根罪障《ろっこんざいしょう》

御初《おすめ》初大《はつだい》金剛童子《こんごうどうじ》ノ《の》一字禮拝《いちじらいはい》　南無《なむ》帰命《きみょう》頂禮《ちょうらい》懺愧《ざんぎ》懺悔《ざんげ》六根罪障《ろっこんざいしょう》

一神明天照皇大神《いちしんめいてんしょうこうたいしん》一字禮拝《いちじらいはい》　南無《なむ》帰命《きみょう》頂禮《ちょうらい》懺愧《ざんぎ》懺悔《ざんげ》六根罪障《ろっこんざいしょう》

一ノ字権現《いちのじごんげん》ノ《の》一字禮拝《いちじらいはい》　南無《なむ》帰命《きみょう》頂禮《ちょうらい》懺愧《ざんぎ》懺悔《ざんげ》六根罪障《ろっこんざいしょう》

大新山大権現《だいしんざんだいごんげん》ノ《の》一字禮拝《いちじらいはい》　南無《なむ》帰命《きみょう》頂禮《ちょうらい》懺愧《ざんぎ》懺悔《ざんげ》六根罪障《ろっこんざいしょう》（三回）

拂川不動明王《はらいがわふどうみょうおう》ノ《の》一字禮拝《いちじらいはい》　南無《なむ》帰命《きみょう》頂禮《ちょうらい》懺愧《ざんぎ》懺悔《ざんげ》六根罪障《ろっこんざいしょう》

佛石権現《ぶついしごんげん》ノ《の》一字禮拝《いちじらいはい》　南無《なむ》帰命《きみょう》頂禮《ちょうらい》懺愧《ざんぎ》懺悔《ざんげ》六根罪障《ろっこんざいしょう》

早池峰山大権現《はやちねさんだいごんげん》ノ《の》一字禮拝《いちじらいはい》　南無《なむ》帰命《きみょう》頂禮《ちょうらい》懺愧《ざんぎ》懺悔《ざんげ》六根罪障《ろっこんざいしょう》（三回）

諸願成就皆令満足《しょがんじょうじゅかいれいまんぞく》一字禮拝《いちじらいはい》　南無《なむ》帰命《きみょう》頂禮《ちょうらい》

南無阿弥陀仏《なむあみみぶつ》　南無阿弥陀仏《なむあみだぶつ》（繰り返す）

居」と呼び休ませた。このご隠居となった獅子頭を弟子と認めた神楽に譲ったことも伝えられており、種森神楽の獅子頭の権現についてもその可能性があるといえよう。

②「神楽言い立て本」

種森神楽では、二冊の「言い立て本」を所有している。そのうちの一冊は、明治十四年（一八八一）に沢藤清五郎氏により記載されたものである。沢藤氏は、現在の保存会会長である沢藤弘家の二代前の当主にあたる。

明治期の「言い立て本」には、「鳥舞」「翁三番叟」「八幡舞」「山の神」「岩戸明」「天女」「天下り」「牛若丸」「松むかえ」「水神」「命揃」「木曽」「曽我」「はたおり」「悪神退治」「天王」「鐘巻」「潮汲み」「おだまき」「年寿」「五大竜王」「橋引」「神歌」が記載されているが、その後現在使われている「言い立て本」には、「山田大蛇」「蕨折」「竜宮わたり」「五穀」「屋島」「三韓退治」が加えられている。また、岳神楽から伝えられたものを変えずに歌っているとされる「神歌」においても、その内容には、「南無阿弥陀仏」「六根罪障」などの仏教的な言葉が歌われている。その一部を掲載する〔図表9〕。

五　弟子神楽の経緯からみる特徴

(一)　三神楽の特徴

これまで、旧石鳥谷町の三つの神楽の経緯と現状、および残されている史料について報告してきたが、ここではこれらの神楽の特徴について述べる。

A八幡神楽

ⓐ戦後の人手不足などの理由により神楽の継続が難しくなった。

ⓑ演目が「権現舞」のみとなっても、新しい師匠を迎え神楽を継続した。

ⓒ師匠には婿入りなどで八幡近郊に在住する早池峰流神楽の経験者を迎えた。

八幡神楽は早い時期に師匠である岳神楽との交流が途絶えていたことから、師匠を近隣に在住する早池峰流神楽の経験者に依頼している。このような「師匠変え」の事例は他の地域にもみられる。

B貴船神楽

ⓐ戦中戦後の神楽の危機は乗り越えたが、むしろ現代における神楽衆の生業の変化や嫁不足などの諸問題をかかえ、神楽の継続が難しくなっている。

ⓑ早い時期に女性を神楽に参加させている。

ⓒ岳神楽との交流もすでに途絶えていることから、近隣の早池峰流神楽と互いの人手不足を補いつつ神楽を維持させている。

C種森神楽

ⓐ戦後まで岳神楽との交流をもっていた。

ⓑ昔の岳神楽の舞の形を残していることを神楽の誇りとしている。

ⓒ弟子である北寺稲荷神楽とは現在においても互いの協力のもとに神楽を維持している。

ⓓ近年神楽衆の不足のために女性の神楽衆の受け入れを許した。

種森神楽は近年まで、「早池峰の神々は血の穢れを嫌い山に登った」と伝えられ、女性には血の穢れがあるので、神楽道具には一切触れさせてはならないなど、女性を神楽に関わらせない姿勢を保っていた。また不幸があった家には、一年間門付けに行かない、あるいは神楽衆の家で不幸があった年は、その神楽衆は神楽に一年参加してはならないなどの決まり事を守っていた。さらに岳神楽は精進と伝えられ、今でも年越し祭には生ものを口にせず、獅子頭の権現に対して線香を焚くなど、習俗に仏教的要素を残している。前節で紹介した「神歌」についても、過去における神仏習合の名残を残している。

このような特徴をもつ三つの神楽であるが、さらに八幡神楽・貴船神楽・種森神楽の共通点について述べたい。それは、いつ誰が神楽を伝授されたのかという神楽の成立由来が明確であり、それを裏付ける獅子頭の権現・神楽由来書き・「神楽言い立て本」などの資料を保存していることである。旧石鳥谷町は、古来岳神楽の門付けの「霞」であった。[12]よって岳神楽が門付けにより、地域住民と関わりをもち、弟子神楽が成立したことが考えられる。いずれの神楽も岳神楽を師匠として受け入れながら、一方、自分たちも門付けをおこなっていたことが共通点としてあげられる。早池峰神楽の流れを汲む多くの神楽が、その成立由来や師弟関係を伝承のみに留めるなか、旧石鳥谷町の複数の神楽が、共通して神楽の成立由来や師弟関係を示す史料を保存していることは、非常に貴重である。ここで改めて、これらの史料から神楽の伝播について考えたい。

（2）　弟子神楽の史料からの考察

①「由来書」と「神楽衆名簿」

八幡神楽や貴船神楽は、「神楽由来書」を有している。いずれも現代において、地域の有識者が神楽衆から依頼を受けて作成したものである。その構成は、〈岳神楽の由来〉〈弟子入りの経緯〉〈自分たちに弟子入りした神楽〉〈歴代神楽衆の系譜〉からなる。これらの「神楽由来書」は、作成時期が新しいものではあるが、いずれも神楽衆の氏名が初代から詳細に記載されているため、作成当時に原本となるものの存在があったことが考えられる。この神楽由来書からわかることについて以下にあげたい。

ⓐ伝播の核となる弟子神楽

一つは、岳神楽の直弟子である三つの神楽が、この地域の伝播の核となっていたことである。八幡神楽は成田神楽（北上市）と大瀬川神楽（旧石鳥谷町）、貴船神楽は中寺林神楽、種森神楽は稲荷神楽へと伝播している。特に八幡神楽から異なる二か所の地域へ神楽が伝播したことが、岳神楽の流れを汲む神楽を拡大させる要因となった。

ⓑ神楽の伝承時期と成立由来

二つ目は、伝承時期と成立由来についてである。これらの神楽は、伝承されている神楽成立の年代や神楽の始祖が明確であり、由来書やその他の資料からもそのことがわかる。八幡神楽の成立は最も早く、元禄元年（一六八八）と伝えられるが、貴船神楽は文政元年（一八一八）、種森神楽は同五年（一八二二）であり、町内の孫弟子神楽である稲荷神楽が弘化二年（一八四五）、大瀬川神楽が明治三年（一八七〇）に成立と伝えられ、貴船神楽以降五十年の間に成立している。成立の由来についても、八幡神楽は松ノ木の大原源太郎、貴船神楽は大蔵院、種森神楽は沢藤伝五郎親子が神楽の開祖と伝えられており、「神楽由来書」にも同様の記載がある。

彼らが町内のどの家の祖であるかも把握されている。また神楽衆名簿を吟味すると、神楽は決まった家の男子が担っていたことがわかる。八幡神楽の場合は初代の大原家に加え、田中家・平沢家・菊池家・玉山家が、貴船神楽は鎌田家・小田島家、種森神楽は沢藤家・高橋家・佐々木家が現代に至るまで神楽衆としてその名を連ねている。

ⓒ神楽の担い手の構成

三つ目は、神楽衆の構成員である。貴船神楽の系譜には、初代は修験、以降は息子の広観と和七の名が見られ、さらに名を連ねるのは集落の人々である。八幡神楽については「八幡神楽巻物」によれば、初代が松ノ木の大原源太郎であるがこの人物の身分は特定できず、以降は集落の人々と思われる人物の名が連なる。つまり、親である岳神楽の担い手の六坊はそれぞれがはじめは修験、のちに社人、そして公認の宗教的職能者と捉えられてきたが、貴船神楽や八幡神楽のような弟子神楽の担い手は、「一人の修験山伏と集落の人々」もしくは「集落の人々」が神楽の構成員となっており、神楽の執行については、必ずしも宗教者のみに担われるものではなかったということがわかる。このような状況は、前出の旧花巻市内の神楽にも同様に見られるのである。

ここでなぜ弟子神楽が「神楽由来書」を作成するのかについて考えてみたい。神楽由来書、および神楽衆名簿を作成し所有する弟子神楽の事例は、他にも見られる。これまで述べてきたように、早池峰岳系神楽は師弟構造を形成し、そのなかで神楽が伝播された。さらには神楽を維持してゆく上でも、師弟同士で協力し合うことが不可欠であった。そのなかにあって自分たちの神楽の位置付けを明確にしておく必要があったのではないか。ひいては近隣の村に同じ流れを汲む神楽が成立した場合に、互いの「霞」を守るためにも、神楽の由緒や師弟関係による上下関係を明確にしなければならず、そうすることで弟子神楽は互いの「霞」を守ることができ、さらに早池峰系神楽は各地に伝播してゆくことができたのではないだろうか。

②「神楽言い立て本」

前述したように、演目の名称の記載に若干の違いはあるが、早池峰神楽の主たる舞である「式舞（式六番）」

はどの時代の「言い立て本」にも必ず記載があり、「権現舞」と「式舞」の両方を習得することが、弟子と認められ神楽を舞うことを許される条件であったことがわかる。神楽の演目数についてその後の流れをみると、神楽が盛んにおこなわれていた昭和四十年代以降、どの神楽も神楽衆の減少により演目数が減っていくことも一つの特徴となる。今回の調査においては、「言い立て本」から岳神楽との師弟関係が確認できたのは貴船神楽のみであった。「神楽言い立て本」は作成した年代が記載されているために、所有する神楽の成立時期を特定するにあたり重要な史料となることがわかった。

六　旧石鳥谷町における神楽の伝播

八幡神楽と貴船神楽・種森神楽の成立時期が異なるために、いちがいにはいえないが、これまで述べてきたことを整理して、旧石鳥谷町における岳神楽の伝播に関してまとめておきたい。

弟子神楽が旧石鳥谷町に複数存在するのは、稲作により米を得ることができなかった岳集落の人々にとって、この地域が門付けにより米を得られる重要な「霞」であったことが理由であろう。岳神楽しか扱うことのできない菊花紋の獅子頭の権現が、一つの地域に数体存在するということは、岳神楽と旧石鳥谷町との結びつきが強いことを示すものではなかろうか。近世から、旧石鳥谷町は岳神楽の「霞」であり、当時東和町にならび門付けの重要な拠点の一つであったことが想像される。(13) 岳神楽は旧石鳥谷町の各村で門付けをおこない、住民との関わりをもつなかで弟子神楽が形成していったと考えられる。

旧石鳥谷町の八幡神楽と貴船神楽の場合、弟子入りの際は村の代表者が岳に出向き神楽を習得し、それを村にもち帰り伝授した。この際、なんらかの形で修験が関与している可能性が高い。あるいは代表者自身が修験者であったかどうかについては、貴船神楽の大蔵院以外は明確ではない。

神田より子氏は「神楽の〃経済学〃――陸中沿岸地方の神楽資料から――」のなかで、神楽を担う人々について、「山伏神楽と一般的に称されているが、実際に神楽を演じてきた人々のすべてが修験・山伏であったわけではなく、修験・山伏にひきいられてきた神楽衆が神楽を演じてきたのであった」と指摘している。[14]

このことは、旧石鳥谷町の岳系神楽にもあてはまる。前述の貴船神楽の例をみても、系譜に記載される初代の神楽衆には、一名の修験の存在があり、それ以外はおそらく集落に居住する人々と考えられる。八幡神楽についても、自ら岳に出向き神楽を学んだ「松ノ木の大原源太郎」が神社に関わる人物と伝えられ、「山に出向いて神楽を習う」という習得の方法から、修験山伏であったとも考えられる。なにより、所蔵される安永二年銘獅子頭権現には修験山伏の「万蔵院」の銘があることからも、獅子頭を管理していたのはやはり修験であり、それ以外の神楽衆については地域住民であることが「八幡神楽巻物」から推測される。これは第三章で述べた羽山神楽や胡四王神楽、幸田神楽にも同様のことがいえよう。

弟子となった神楽は、数年間は早池峰神楽の重要な舞である「権現舞」と「式舞（式六番）」を習得する。習得し神楽の準備が整った後、正式に神楽を舞うことが許される。ちなみに、「一つの舞いを習得するのに一冬かかる」というので、「権現舞」「式舞」の両方を習得するには十年以上という期間を要することになる。

このとき、もしくは弟子入りの際に、岳神楽由来の獅子頭の権現や太鼓が弟子に譲られる。八幡神楽や種森神楽の獅子頭の権現は、岳神楽の獅子頭の特徴を有することから、その伝承のように岳神楽から与えられたものと考えられる。

他地域のいくつかの神楽は舞の許可を得る際に、「神楽伝授書」を岳神楽から与えられているが、旧石鳥谷町内の神楽にはこの「神楽伝授書」は保存されていない。岳神楽から「神楽伝授書」を与えられている旧盛岡藩領のいくつかの岳系神楽の成立時期は、宝暦九年（一七五九）から文政三年（一八二〇）までの期間であり、これは六坊が吉田神道に入門し、社人と名乗るようになって以降、直弟子を積極的にもっていた時期と一致する。

また、旧石鳥谷町の早池峰岳系神楽では、「神楽伝授書」を有してはいなかったが、種森神楽の文政十二年（一八二九）銘の獅子頭の権現には、「文政十二年　東嶽　早池峰山　社家　小国日向正□　藤原由貞　七十　丑九月日」の銘があり、六坊の人々が当時もなお社人を名乗っていたことがわかる。おそらく「神楽伝授書」を作成して与えていた時期が特定されていて、社人としてある程度決められた形式に乗っ取って神楽を伝授する必要があったこと、あるいは「社人からの神楽の伝授」として格式をもたせる必要があったことなどが推察される。「神楽伝授書」については紛失したとされる事例が多く、今後さらなる調査と考察が必要である。

神楽の許可を得た後は、彼らは自分たちの地域内を門付けの「霞」として活動した。岳神楽は門付けにより米や雑穀を得ていたが、その弟子もまた門付けで米を得ていた。しかしながら、弟子神楽の地域はもともと米を生産できる土地柄であるために、得た米は売って現金収入としていた。米を得る目的は異なるが、いずれにしても門付けは彼らの生活を支える経済活動であり、その「霞」は重要であったと考える。

神田より子氏は前掲の「神楽の経済学」で、旧本山派修験の青森県三戸郡新郷村多門院家に伝わる『多門院文書』のなかの文化十三年（一八一六）「神楽獅子執行許可」や「修験窮迫獅子舞執行許可　丙子六月　盛岡藩寺社行」などいくつかの史料を挙げて、神楽の経済性を分析し、「（略）獅子をまわし、神楽を演じて霞場をまわって歩くのは、霞主である修験者にとっては重要な仕事であり収入だったのである。だから境界を越えて自分の霞内に進入して宗教活動を行うような越境者に対しては、当然ながら人一倍の拒絶反応を示すことになる」と述べている。[15]また、「東和町石鳩岡神楽の一ノ倉保師匠は、たのまれて神楽をやると、山の神に一升、権現さまに五升の米をもらったという。昭和五十三年に聞いた話である。本田安次氏が昭和六年に岳神楽の釜津田林之助氏《ママ》(当時七六歳)から聞いた話によると、「神楽の謝礼は今の標準で白米五升か七升、及至一斗、金円にすれば弐円か参円、ないし五、六円またお米に金子を添えることもある。また粟、稗、ソバ、酒、糸なども出、もとは伸ばした煙草も上った」という。これは当時の南部内陸地方で神楽を演じた折に受けとった謝礼の平均と考えてよいと思う」と岳神楽の具体的報酬をあげている。[16]

これは、百姓の一日の手間を一升四十銭とすれば、非常に割が良い稼ぎである。また、八幡神楽の孫弟子にあたる更木神楽に保存される「昭和二十四年　御開帳祝」では、神楽に対する一軒の花代が百円~二百円と当時の感覚からはかなり高額な金銭を出していることがわかる。神楽による収入がいかに効率の良いものであったかが明確である。

こうして神楽は信仰、経済活動、そして娯楽性といった目的をもちつつ神楽の担い手たちにより継続された。岳神楽の直弟子である八幡神楽・貴船神楽・種森神楽もさらに弟子神楽をもち、互いの神楽を助け合いながら今日まで神楽を維持した。

以上のことを踏まえて、筆者は岳神楽の師弟関係において、「神楽を教える」と「弟子入りする」ということは、一つの契約であると考えている。本来、長男にしか伝えられず、門外不出である神楽を他地域に伝えるということは、ともすれば親神楽(岳神楽)の「霞」を減らしてしまうように受け取られるかもしれない。しかしながら岳神楽においては、弟子神楽の地域はすなわち岳神楽の「霞」ともなる。「師匠が自分たちの地域に巡業に来ている間は、自分達は神楽をしなかった」という話を聞くことがある。また、師匠が弟子神楽の神社例祭に手伝いに行く様子は近年までみられた。さらに、師匠の神楽の人手不足を弟子が補うことについても、終戦の頃まであったそうである。つまり、師弟関係を結ぶことで他の神楽を地域に入れず、師匠である岳神楽と弟子神楽のみが、その地域の神社に神楽を奉納することができる仕組みがある。よって、弟子が増えるということは、岳神楽にとっても巡業の地域を増やすこととなるのである。

このように考えると、岳神楽の師弟構造は、弟子の村は親の「霞」ともなり、師弟関係を結ぶことは、親神楽にとって「霞」を拡大する経済活動の一つであったのではないだろうか。また「神楽伝授書」や「言い立て本」などを弟子に与えることで師弟の認識を強め、「霞」を守るための手段としていたことが考えられる。この師弟関係を強めることによって、互いの神楽の危機も乗り越えてきた。それがゆえに早池峰神楽は今日まで、伝播と継承を継続できたといえよう。

まとめ

以上のように、旧石鳥谷町における早池峰神楽の伝播について、個々の神楽に保存されている史料を踏まえながら考察した。岳神楽の伝播については、神楽の成立からの時間的経過が長いため、その特色である師弟構造についても、多くは伝承のみが残っており、「誰がなぜ、いつ、どのようにして岳神楽から、神楽を教わったのか」についてはは不明な点が多い。特に「なぜ」についてはいまだ明確ではない。まして、時間の経過にともない親神楽との交流も途絶え、神楽を取り巻く環境も変化すると、その教義や由緒は次第に薄れてゆく。

しかしながら、これまでの筆者の調査地のなかでも、とくに旧石鳥谷の早池峰岳系弟子神楽は、神楽に関する史料を多く残していたために、各地域の早池峰岳系神楽について伝承と史料の両方から神楽の伝播について考察することができた。これまで漠然と話題に上っていた「昔、神楽をできるのは決まった家の長男のみであった」「弟子入り後、神楽を舞うことを許されるまでにある程度の期間を要した」、あるいは、師弟関係や明治以前の神仏習合の神楽の習俗など、本章で報告した「神楽由来書」や「神楽衆名簿」などを通して、より具体的なイメージをもつことができた。とくに、神楽の担い手や、その経済的メリットを明確にすることができた。

また、「神楽言い立て本」は、親神楽との師弟関係を示すというよりも、むしろその神楽の成立時期を特定するのに役立つことがわかった。加えて演目を比較することで、時代ごとの神楽衆の活動状況を予測することができる。「神楽言い立て本」については、本書では演目の比較に止まったが、その言い立て（舎文）について時代ごとの特徴を見出し、その社会背景が神楽に及ぼした影響について検証することが、重要であると考えている。

本章では、石鳥谷町内の早池峰岳系弟子神楽について史料を通して検討してきたのであるが、八幡神楽に見られるような他地域への神楽伝播の事例もあり、今後は「なぜ早池峰神楽が各地に伝播されたのか」についてを探るうえで、さらに神楽の経済的側面も考慮に入れた、伝播地域全域における史料の調査が課題となる。

（1）　本書第三章参照。
（2）　森尻純夫氏の「弟子座の形成」（『民俗芸能研究』第十一号、一九九〇年）では、早池峰神楽の伝播を早池峰山信仰の側面と神楽衆の生活の背景から分析し、なおかつ岳神楽の弟子である石鳩岡神楽に着目し、弟子の形成について具体的に触れている。西郷由布子氏の「芸能を身につける～山伏神楽の習得過程」（『民俗芸能と農村の暮らし』全国農業観光協会、一九九一年）では、岳神楽と石鳩岡神楽を題材として、その芸態と山伏神楽の習得過程について報告している。しかしながら、これ以降早池峰神楽の伝播について、個々の神楽の詳細や末端までの総合的な解釈がなされたものは見られない。第一章を参照。
（3）　菅原盛一郎『日本之芸能早池峰流山伏神楽』（東和町教育委員会、一九六九年）。

（4）「権現舞」は災厄退散と豊穣を予祝して、神楽の最後に必ずおこなわれる舞である。獅子頭の権現は、「神仏が獅子の姿を借りて人間の前にその存在を示す」と考えられており、岳集落や大償集落の守り神として信仰されている。同時に、獅子頭の権現は早池峰神楽のシンボルである。「式舞」は、いつどこで神楽を奉ずる場合でも、最初に必ず舞う重要な六曲（鳥舞、翁舞、三番叟、八幡舞、山の神舞、岩戸開き）の舞である。一ノ倉俊一『早池峰神楽』（大迫町観光協会、一九八四年、七五・一三〇頁参照）。

（5）森毅編『郷土史叢第一集　盛岡藩の修験・山伏』（郷土史叢刊行会、一九七〇年、三二頁）、森毅『修験道霞職の史的研究』（名著出版、一九八九年、三五〇・三九四頁）による。原本は「修験人別改帳」（寛政元・二年）「神職修験面附（仮題）」（弘化〜嘉永）。

（6）畑中田中家の詳細および家系図については、田中勤氏の調査内容（田中晃氏所蔵）を参考にした。神社棟板については『神社御由来書』（八幡神社、一九六五年）参照。

（7）「八幡神楽巻物」を作成した際に原本となるものが存在していたとも伝えられるが、その詳細は不明である。

（8）貴船神楽の祖鎌田家の現在の当主は他県に在住しており、初代の獅子頭の権現の所在は不明である。当主御身内によれば、石鳥谷在住時は自宅に安置されていたが、おそらく現在の居住地に移されているのではないかという。

（9）文政八年言い立て本については、同書一九二頁、成立年代については同書の「早池峰系山伏神楽推定分系図」の南寺林神楽を参照。

（10）註（1）参照。

（11）大蔵院については註（5）『修験道霞職の史的研究』三九五頁を参照。「神職修験面附（仮題）」は弘化年間から嘉永年間の書簡。篤焉家訓「寺社本末支配」は文化から天保年間の記録。

（12）「霞」は公的に認められた宗教活動の範囲という意味ももつが、現時点では神楽「霞」については伝承のみであり、明文化されたものがないため、本書では「神楽衆の縄張り」の意味として記載する。岳神楽と旧石鳥谷町との関係については、資料「乍恐奉願上事」文化九年（一八一二）十月二十八日（大迫町所蔵）に、岳神楽と大償神楽が「新堀村・八幡村（中略）手分仕祈禱神楽内獅子舞にて相廻り罷有候」と記載され、旧石鳥谷町が古来、岳神楽の霞であったことが考えられる。

(13)　旧東和町は古来、岳神楽の「霞」であり、多くの弟子神楽が存在した。特に小山田の石鳩岡は、岳神楽の門付けの拠点として重要視されていた。

(14)　神田より子「神楽の〝経済学〟――陸中沿岸地方の神楽資料から――」(岩田勝編『神楽　歴史民俗学論集1』名著出版、一九九〇年)。本章で引用した論文は、『陸中沿岸地方の廻り神楽報告書』(宮古市教育委員会編、一九九九年)に転載されたもの。七二九頁。

(15)　註(14)、七二八頁。『解題書目　第五集　多門院文書』(青森県立図書館編・発行、一九七五年)。

(16)　註(14)、七三五～七三六頁。

第五章　弟子神楽の変遷——旧東和町を中心に

はじめに

本章では、早池峰岳系神楽が多く分布する地域である旧東和町（現花巻市東和町）の近現代における弟子神楽組織に焦点を当て、当時の社会状況の変化を踏まえつつ、親と弟子双方の神楽がこれまでどのような相互関係をもち今日まで神楽を維持してきたのか、一方中断した神楽がどのような過程で消滅していったのかについて、その経過と現状を調査報告する。

さらにそれを比較することにより、神楽の維持が可能となる条件を見出したい。また一般に民俗芸能のうち、とくに神楽は、門外不出でその土地のなかで守り継がれるものであり、他地域への伝承はおこなわれにくいという印象が強い。とすれば、なぜ早池峰岳神楽が、他地域に自他共に認める多くの弟子神楽をもつようになったのか、その理由について考えてみたい。

また弟子神楽をつくるきっかけとなる岳神楽の廻村巡業（門付け）にも触れつつ、民俗芸能の伝播の可能性についても論じることにしたい。

一　早池峰岳神楽における弟子神楽

（一）親神楽の生活基盤の変遷と現状

岳神楽の成立以降五百年間という時の流れのなかで、特に近世から早池峰山信仰のもとに盛岡藩の威光により、公認の宗教者となった嶽妙泉寺の「六坊」によりおこなわれた「廻り神楽」、すなわち門付け（廻村巡業）により神楽が伝播して弟子神楽は成立した。

写真21　「権現舞」岳神楽火伏の様子
かつては門付けや棟上祭などで、各家に呼ばれて加持祈禱の舞をおこなった。

彼らの門付けの目的は、加持祈禱等の宗教的活動に加え、自身の経済活動もともなうものであった。もともと農民としての性格をもたない当時の岳集落の人々が穀物を得る手段としては、祝事や厄払い、「火伏せ」等で各家や村に呼ばれて加持祈禱の舞いをおこない、また自ら長期間にわたり門付けに出かけ穀物を得ること、そして弟子神楽に舞いを指導してその礼として穀物を得ることであった〔写真21〕。門付けは旧十一月から二月までの数か月の期間、東和町のみならず、紫波町・矢巾町・石鳥谷町方面など広範囲にわたり出向いていたとされる。

このような、岳神楽の門付けは時代の流れのなかで消滅していくが、彼らの「霞」であった各地には、その痕跡として多くの弟子神楽が現在も存在しており、そしてそれらの弟子神楽との交流はその意義を変えながらも、今日まで続いているのである。

旧盛岡藩領内でこうした「親と弟子」を称する神楽は早池峰神楽のみであるが、それは現代における早池峰神楽組織の礎となるものであり、またこれらの弟子神楽は、早池峰系神楽組織の存続について大きく貢献するものである。このような早池峰神楽特有の親と弟子の構成を通して、その継承と伝播について推察することができるのである。

（2）旧東和町の弟子神楽

近世、旧和賀郡は穀倉地帯であることや旧仙台領と国境が隣接していることなどの理由により、盛岡藩に重視され慎重に統治されたといわれる。盛岡南部氏はその一族を花巻城に配置し、和賀・稗貫の両郡二万石を管理させて、その管理体制は明治元年（一八六八）まで続いた。(1)

旧和賀郡に属した東和町については、『東和町史』上巻によると、明治二十二年（一八八九）に河東の二十五郷が十二鏑《かぶら》村（現在の土沢）四か村統合・小山田村二か村統合・中内村九か村統合・谷内村十か村統合に編成され、昭和三十年（一九五五）一月一日に東和町として一つにまとまった。当時の世帯数は二九六一戸、人口一六八五一人（男性八一六三人・女性八六八八人）である。(2) 産業は農業が主流であり、米・葉タバコなどを豊かに経営していた。

また、町村合併より少し前の昭和二十七年には、一月に晴山線（岩谷堂～梁川～土沢）、四月には土沢線（黒沢尻～湯沢～毒沢～土沢）、そして十月には小山田線（土沢～小山田～石鳩岡）の各バス路線が開通し、道路状況が整備されて交通網が充実した。(3) 平成十八年に町村合併後、花巻市東和町と改められる。

第三章二節でも述べたが、早池峰神楽の「霞」であった東和町内には、岳神楽の弟子として知られる早池峰岳流石鳩岡神楽（以下、石鳩岡神楽）や早池峰岳流浮田神楽（以下、浮田神楽）をはじめ、多くの弟子神楽が存在し、現在も活動している。

これらの弟子神楽は、特に昭和四十年以降、神楽の危機を乗り越えるために親神楽との一層の交流を深めたケースがほとんどである。その反面、中断していった早池峰岳系の流れを汲む神楽もまた多く存在していた。

早池峰神楽とその弟子神楽について系統的に調査された先行研究は、昭和四十四年（一九六九）『日本之芸能早池峰流山伏神楽』（菅原盛一郎著）と、平成九年（一九九七）『岩手県の芸能――岩手県民俗芸能緊急調査報告書――』（岩手県教育委員会）がある。(4) この両者を比較すると、早池峰岳系弟子神楽の多くが中断され、演目が減り名称が変更されるなど、神楽の現状が大きく変化していることがわかる。また、前者に記載されていた神楽が後者ではすでに見当たらず現状不明のものもある。筆者がおこなった平成十九年（二〇〇七）の調査においても、平成九年時の早池峰岳系弟子神楽の状況とは、大きく変化していることがわかった（第三章参照）。

平成十九年時、花巻地方（花巻市・旧東和町・旧大迫町・旧石鳥谷町・紫波町）の神楽保存会名簿に登録される四十の神楽のうち、「早池峰神楽の流れを汲む」と称しているものは二十二団体、そのうち東和町に所在する岳系神楽は二団体（石鳩岡神楽・浮田神楽）である。またこれ以外の把握しうる限りの未登録の神楽や中断した神楽も含めて、同町内の早池峰系弟子神楽の現状を調査し、菅原氏が調査した昭和四十四年から平成十九年までの三十八年間の変遷を比較すると以下のことがわかる。

昭和四十四年には十四団体の早池峰岳系神楽が存在していたが、平成九年の県報告では八団体（「権現舞」のみとなった団体も含む）、そして平成十九年では、なんらかの活動をしている団体が十団体あるものの（「御神楽奏上」のみも含む）、そのうちこれまで一時的な中断はあったにせよ「式舞」と「権現舞」の双方を舞うことが可能な団体は、わずか三団体が存続しているのみである。(5)またこれらの存続神楽は、なんらかの形で親神楽との交流を現在まで保っていた弟子神楽である。以下、平成十九年と、過去の昭和四十四年・平成九年の調査内容を比較した一覧を次頁以降掲載する〔図表10〕。

次節では、それらの早池峰岳系弟子神楽の事例をいくつか紹介し、存続神楽と中断神楽のこれまでの経過においてどのような違いがあるのかを挙げ、考察したい。

二　弟子神楽の具体事例

（一）　存続神楽とその背景

現在、東和町内で「権現舞」および「式舞」の双方可能な早池峰岳系の神楽は、石鳩岡神楽・浮田神楽の二団体のみである。いずれも近現代において親神楽の相互協力のもと、これまでの危機を乗り越え、現代に確立している神楽である。弟子神楽を名乗り、現在も県や市の指定を受けるなどして年間公演数三十〜四十の活発な活動をしている。以下、上記二団体の存続神楽の事例について紹介し、その存続理由について論じたい。

①石鳩岡神楽

東和町小山田の石鳩岡集落は大迫町とは峠一つで隣り合っており、早池峰山は鬼門（北東）の方向に位置する。古来、岳神楽の「霞」であり、毎年の旧暦二月一日に岳神楽がやって来て、石鳩岡を中継点として近隣の村を門付けをして廻っていた。

図表10　旧東和町における早池峰岳系神楽一覧

神楽名	伝承地・奉納神社	昭和44年(1969)調査	平成９年(1997)調査	平成19年(2007)調査
成島神楽	北成島・熊野神社	記載なし	中断	昭和30年代に幸田神楽から教わる／昭和40年代は、盛んに舞をおこなっていた／現在は、神社祭礼に権現舞のみおこなう(９月19日・正月)／岳系
中内神楽	中内・中内熊野神社	岳系・明治10年(1877)伝承／幸田神楽の弟子	記載なし	昭和45年町指定を受ける／神社祭礼(９月７日・元旦)に権現舞のみ／昭和50年代～60年には舞っていた／昭和30年代半ばまでは式舞を舞っていた。その後昭和45年まで神楽は途絶えており、権現舞・御神楽奏上(打ちならし)のみになっていた／昭和45年以降復興し、昭和60年代まで式舞を舞っていたが、再度途絶え権現舞と御神楽奏上のみを現在に伝える
丹内山神社神楽	谷内・丹内山神社	岳系／伝書・歌本あり(宝暦９年(1759)伝承)	丹内山神社　社風流神楽として記載／中断とされる	平成14年まで祭礼にて御神楽を施行／舞い手不足で中断／岳から教わったと聞いている(許状をみた)
白土神楽	白土・鴨神社	文政年代(1818～30)伝承／岳系	記載なし	昭和50年～60年代まで例大祭(９月15日)に御神楽(太鼓・笛)をおこなっていた／10年前まで権現舞・鳥舞のみおこなっていたが、若い人がいなくなり中断。今は御神楽奏上のみ／丹内神楽が師匠／明治生まれの祖父の時代に岳と行き来していた。また、戦中戦後に岳神楽危機の際手伝いに行った／昭和52年町指定を受ける
石鳩岡神楽	小山田の石鳩岡・駒形神社	岳系(文化２年(1805)に伝承)	県指定を受ける／駒形神社祭礼(５月26日)／桜山神社祭礼(９月11日)	現行。祭礼の他、各イベントに参加／岳神楽と交流をもつ／昭和63年夏油神楽・水押神楽を弟子にもつ
砂子神楽	砂子・大沢瀧神社	岳系(嘉永５年(1852)に伝承)	社風砂子神楽として記載／町指定を受ける／伝書あり／大沢瀧神社祭礼(９月８日)	中断(神楽)／権現舞は昨年までは可、現在は難しい／御神楽奏上は継続／宮司は、丹内山神社の宮司が兼任
八日市場神楽	八日市・薬師神社	岳系(天保元年(1830)に伝承)	記載なし	昔はあったことを確認
浮田神楽	上浮田・庚申神社(現幸神社)	岳系(大正５年(1916)に伝承)	幸神社祭礼／町指定を受ける／伝書あり	現行。現在も岳と交流をもつ／弟子に浅間神楽(北上)をもつ／正月に門付け(浮田内)
駒形神楽	小山田・駒形神社	岳系(昭和21年(1946)に伝承)	駒形神社(９月11日)／釜石尾崎神社祭礼(10月第３日曜日)伝書あり	
田瀬神楽(沼ノ沢神楽)	田瀬・駒形神社	岳系(1912年伝承／明治20年(1887)伝承)	社風流沼の沢神楽と表記／中断	中断して30年(権現舞と御神楽奏上(打ちならし)のみ継続)。権現舞もこの５から６年休んでいた／昨年から太鼓を習う人ができて今年初めて１月２月に権現舞を舞う

地域の鎮守駒形神社の奉納神楽として、石鳩岡の菊池伝右衛門（文久三年〈一八六三〉、七十三歳没）が岳の小国常磐守藤原常正から伝授されたものが石鳩岡神楽である（石鳩岡神楽の成立の詳細については、第三章第二節を参照）。

神楽は岳神楽流の五拍子を基調とした舞で、舞台では基本となる「式六番」を演じた後、それ以外の演目に移り、最後に「権現舞」を舞う。神楽衆の構成は、以前は石鳩岡地区の農家の長男のみであったが、昭和十年代にはすでに次男も神楽に参加していた。戦争中も神楽は継続していたが、昭和十七年には神楽衆がわずか四人となってしまい、当時の代表であった菊池良蔵氏が若者五名を勧誘し、九名の神楽衆で活動を続けていた。神楽の上演は駒形神社祭礼（九月十一日）の他、他神社の祭礼が三か所、厄年払い、祝事が主であった。

昭和二十五年頃までは、神楽衆の実家が専業農家であったため、農閑期の冬は毎晩神楽の練習をおこなっていたが、現在の二十名の神楽衆は会社勤務など職業をもつために週一度の練習日を決めている。

また昭和三十三年に県指定を受けた際に後援会が結成された。会員は小山田地域の七十世帯の住民である。同年、南部家より師匠の岳神楽と同様、神楽の幕や衣装に南部家紋章「向い鶴」の使用を許された。ただし、これについての岳神楽の介入はなく、当時の石鳩岡神楽衆代表である一ノ倉保氏（大正十四年生）が南部家に使用許可を願い出た。以後現在に至るまで、南部氏鎮守の桜山神社（盛岡市）の大祭では、奉納神楽をおこなっている。

石鳩岡神楽も弟子神楽をもつ。北上市の綾内神楽・夏油神楽と遠野市の平倉神楽である。岳神楽からすれば孫弟子に当たる。綾内神楽は大正四年（一九一五）に同じく岳流の水押《みずおし》神楽の弟子として成立したが、再興のため昭和五十六年に石鳩岡に弟子入りして、奥付書を与えられている。

平倉神楽はもともと岳流塚沢神楽の弟子とされ明治三十四年（一九〇一）に成立したが中断、岳神楽からの紹介で再興のため新たに石鳩岡に弟子入りした。夏油神楽も元は明治初期に成立した岳流神楽と伝えられ戦後中断、昭和四十二年に再興したものの、伝承地が大乗系神楽の盛んな土地柄であったため、(6) その影響を色濃く残しており、修正のため昭和五十八年より石鳩岡神楽に弟子入りする。岳流と名乗ることを許可されるまでに長い期間を要した。いずれも神楽の危機の状況から現代に師弟関係を新たに結ぶことで復興しようとした神楽であるが、夏油神楽のように長い経過のなかで他の神楽の特色が混在しているケースも多く、弟子として受け入れる際に、舞の形はもちろん、神楽道具・神楽幕に至るまで岳流の名にふさわしい様相に整えてゆくとの契約のうえ、弟子入りを許す。そうした上で技術を研鑽し、認められた後に弟子神楽は「早池峰岳流」を名乗ることができるのである。

石鳩岡集落と岳集落の人々との関係については、森尻純夫氏が「「弟子座」の形成〜地域の宗教感性と芸能への身体動機」(一九九〇年)のなかで「御即位記念　登山名簿」を取り上げて、昭和二年(一九二七)当時は岳集落の日向坊・民部坊・相模坊の三件が宿坊を営んでおり、しかもその三坊はそれぞれ泊まり客の地域傾向をもっていたと述べている。(7) 日向坊は東和町土沢、民部坊は石鳥谷町新堀からの客が多かったが、石鳩岡の人々も登山の際は決まった家に宿泊した。これには廻村した集落の人々との縁戚関係などさまざまな理由があったという。このことは現在の聞き取り調査からも確認できる。

先に紹介した一ノ倉氏は、昭和初期の門付けのなごりの慣習を記憶している。当時は前述の三坊以外の坊でも、宿として営んではいなくても、やはり同様に決まった地域の家の人々を登山の際に逗留させ、山の先達をしていた。興味深いのは、この「特定された集落の特定の家の人々」というのが、岳の神楽衆が門付けのために里に降りたときに分散して泊めてもらう家の人々を示す点である。ここで、岳と石鳩岡集落の関係と人々の交流を述べるために、石鳩岡集落における岳神楽の門付け巡業について改めて触れたい。

石鳩岡の場合は、毎年、どの時期に、岳神楽が石鳩岡のある小山田にやってきて、どの神楽衆がどの家に泊まり、またいつ・どこの家が神楽を頼むのかなど、すべてのことが決まっていた。一ノ倉氏によると、岳神楽は毎年十二名ほどで正月二日から内川目村・外川目村・亀ヶ森村（現在の大迫町）を門付けして廻り、前述したように旧暦の二月一日に小山田の石鳩岡に入り、四十日ほど滞在する。その間、石鳩岡を中継点として、さらに近隣の集落を門付けして廻り、最終的には再び石鳩岡に戻り、門付け巡業で得た多くの米や雑穀などの荷を石鳩岡で借りた馬につけ、岳集落へ帰っていったという。

当時の神楽の礼の相場は、「権現舞」米五升・「山の神舞」米一升・神楽宿の「前立ち（権現舞）」米一升であり、当時の百姓手間が一日一升四十銭とすれば、岳神楽衆が門付けで得る米は大変効率の良いものであったと言える。また石鳩岡の人々が山に入るときには、自分の家に泊めた岳の神楽衆の家に宿泊することが暗黙の了解であったという。岳神楽衆にとっての門付けは、宗教的行事であったが、まぎれもなく岳集落の経済的活動でもあった。そして当然、石鳩岡は岳神楽衆にとっての門付けの重要な拠点となり、地域の人々との密接な交流がそこに生まれる。

森尻純夫氏の調査によると、毎年旧二月一日に岳神楽衆が到着後、まず鎮守の駒形神社の別当家（屋号アスカダ）に逗留し、この家の氏神である石神神社の祭礼で神事をおこなった。また、「アスカダ」が没落した後は屋号「ハナヨネゴ」に変わったが、岳神楽の来る日は変わらなかった。石鳩岡集落では宿神楽の申し込みは屋号「タイラ家」で集約し、まとめて「ハナヨネゴ」に取り次いだとのことである。そして「他の集落（部落）にもそうしたことはあったようで、小山田域はかなり組織的に岳座を迎えていたといえる」と述べている。(8)

現在でこそ交通の発達により、日帰りで早池峰登山をおこなえるようになったが、以前のこうした交流は昭和三十年代頃まで続いた。当時、岳の次男が巡業地の村に婿入りすることや、双方での嫁入りなどにより、縁戚関係ができあがっていくことも当然考えられる。実際、岳からの婿入りがあった地域では、その縁で岳から神楽を伝授されたというケースもある。こうした縁は門付けがなくなった現在も続いているという。

一ノ倉氏は親神楽から舞を伝授されることについては「岳神楽が石鳩岡に滞在している一か月程の間に神楽を教わっていた」、もしくは「こちらから岳までお米をもって、神楽を教わりにいったこともある」と述べている。岳神楽が門付けに来ている頃には、その間神楽を教わることが多かったが、門付けが途絶えてからは、石鳩岡の神楽衆が岳まで出向いて、舞を教わった。

石鳩岡の所在する小山田は、正月の門付けの時期に岳神楽以外の神楽が入ることはほとんどなかった。石鳩岡神楽にとって岳神楽は親神楽であり、また舞の技術も高いため、たとえ地域の神楽ではあっても、岳神楽が門付け巡業に来ている間は、弟子である石鳩岡神楽が舞うことはなかった。

このように、岳神楽と古くから交流を深めてきた石鳩岡神楽であるが、特に昭和二十年（一九四五）に、第二次世界大戦に出兵していた神楽衆の多くが小山田に帰還し、そして同年に神楽の復興のため一週間、岳神楽の伊藤巳太郎氏に来てもらい、朝から晩まで神楽の稽古をした。この時の礼は米一俵、どぶろく、金銭での謝礼もいくらかしたことを、一ノ倉氏は記憶している。この時も一ノ倉家に伊藤巳太郎氏が宿泊しており、そして一ノ倉氏が「早池峰の山に入るときには、二升の米を礼にもち、いつも伊藤家に宿泊する」というように、親戚同様の関係を結んでいた。他の神楽衆も同様に、互いに親戚同様の関係があった。

昭和五十年頃からの数年は、一年に二～三回岳に出向いて、同じく岳神楽の小国誠吉氏に師事して「鐘巻」や

「木曽」などの舞を習得した。また平成元年六月に岳神楽の東京公演と、早池峰山の山開きの日程とが重なったために、山開きの奉納神楽は、石鳩岡神楽が岳神楽から託されておこなった。したがって、岳神楽以外に山開きの奉納神楽を許されたのは唯一、石鳩岡神楽のみである。

　岳早池峰神社の例大祭宵宮には奉納神楽を舞い、また一月三日の岳神楽の舞い始めには必ず出向き、米一斗・現金一万円を獅子御礼とした。

　このように、岳神楽と石鳩岡神楽の師弟関係に基づく深い信頼関係は、現在も継続されている。いまや石鳩岡神楽は、早池峰岳流神楽の代表的神楽としてその技術・構成・人気ともに確立されており、双方の神楽を補う存在となっている。

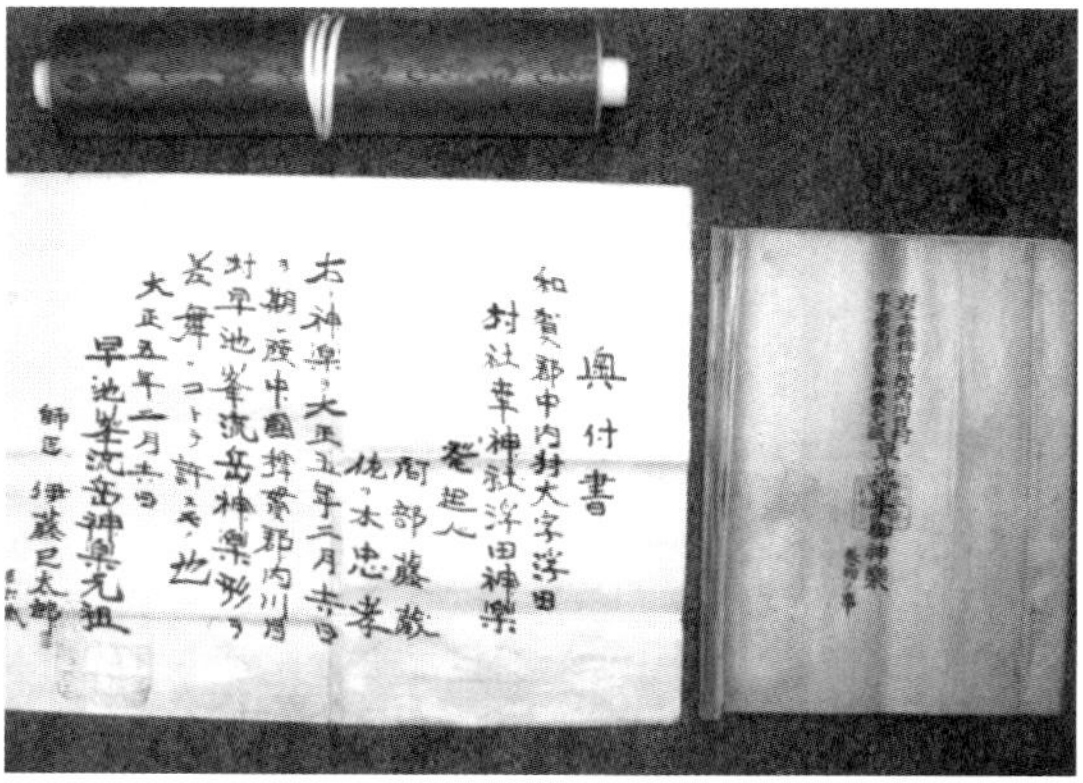

写真22　浮田神楽「神楽伝授書」
大正５年に、岳神楽から浮田神楽へ授けられたもの。
（佐々木孝男氏所蔵）

②浮田神楽

　東和町浮田集落に伝承される浮田神楽の成立は大正五年（一九一六）二月とされる。岳神楽の最後の直弟子である。

　浮田集落の佐々木忠孝氏と阿部藤蔵氏の二名が鎮守「幸《こう》神社」奉納神楽の確立のために岳神楽に弟子入りし、伊藤巳太郎氏を師匠とし、農家の長男であった七名の若者で神楽を始め、大正五年二月に伝授書を授かったと伝えられる〔写真22〕。現在は忠孝氏の孫にあたる佐々木孝男氏を代表に、十三名の神楽衆で活動している。以前と異なり専業農家は少なく、神楽衆の職業は会社員・

公務員など多彩で盛岡方面まで通勤する者もいる。浮田の神楽道場で冬期や祭日・イベント前に夜間集中的に練習をおこなっている。年間上演数は約三十回ほどである。

また、親である岳神楽と親密な関係を保っている。以前は「門獅子（門付け）」などで集落の人々から「枡一杯の米」を御礼に頂き、岳神楽から舞を教わるための御礼としてその米を若い衆が岳集落まで背負って行った」という。こうした米の礼は昭和四十年頃まで続いた。

現在は一月の岳神楽の「舞い初め」での手伝いをし、八月の岳早池峰神社例大祭の宵宮には必ず出向いて参拝し、大祭当日はいくつかの演目を奉納する。また神楽の代表に御礼の挨拶に参り、奉納神楽に対しての「お花」も欠かさない。それは師匠が代替わりしても継続して慣行してきた。また神楽の指導も受ける。

平成十七年には浮田神楽衆が「天女」「潮汲み」の舞の指導を受けるために岳集落まで通っている。このように常に忠義を尽くすことで信頼関係を保ち、新しい演目を岳神楽から習得し、神楽を安定させている。昭和五十九年には浮田神楽は南部家より、早池峰岳神楽の象徴でもある南部家家紋「向かい鶴」の使用許可を得ている。その際、許可を受けるために南部家に出向いたのは、当時の岳神楽代表であった小国誠吉氏である。このときより、浮田神楽は、「向かい鶴」の紋章と、「早池峰岳流浮田神楽」と染め抜きの入った神楽幕を、現在もなお使用している。

浮田神楽はその成立以来、現在もなお岳神楽を尊び九十年以上にわたりその関係を保っている。この状況を鑑み、二つの神楽の師弟関係に基づく相互共存について、以下のことが指摘できる。一つは神楽の継承に基づく交流である。岳早池峰神社の祭神（早池峰山信仰・瀬津織姫）と幸神社（庚申信仰・猿田彦）の祭神は異なることから、双方の神楽には信仰的な結びつきはない。地域の神楽を保持することが目的である。これには地域の経済も関わる。旧和賀郡の地域の神社に神楽を有しない場合、多くは太神楽が神社例祭等神事の際、巡業に来ていた。浮田地区の幸神社も同様、自身の神楽を有するまでは、近隣の太神楽が神社の例祭に巡業に来ており、このため自分達の神楽をもとうとする動きが起こった。

同様のケースが、同じく東和町の毒沢神楽などにも見られ、また「以前は太神楽をおこなっていた」という神楽衆が、早池峰系の神楽衆に加わりともに活動したという話も聞かれる。

二つ目は双方の神楽のメリット、すなわち交流の意義の変化についてである。浮田神楽をはじめ穀倉地帯である東和町の神楽は、門付けなどの礼に米を集落の家々から頂く。その米を、舞を教わる御礼として岳集落へ運んで行く慣習が、昭和四十年頃まで続いた。

一方、浮田神楽にも「岳流浮田神楽」として自分たちの神楽をもち、親神楽からの助力を得ながらそれを維持していくことができたのである。

以上、現在存続しているいくつかの早池峰岳系神楽の状況から、以下のことがわかる。

岳神楽の門付けはすでに途絶えているものの、弟子神楽との交流は以前にも増して深くなっている。戦後多くの神楽が後継者不足のため存続の危機を迎えているなか、浮田神楽と、前述の石鳩岡神楽は、昭和四十年代から親神楽とより交流を深め、舞の指導を受け演目を増やし後継者を育成して、自分達の神楽の保持に努めている。現代の弟子神楽の条件は、あくまでも「早池峰岳流神楽」と呼ばれるのにふさわしい様相を備え、かつこれまでの伝統的な芸態を守ることである。

親神楽に認められるには時間を要するが、一度師弟関係を結ぶことで多くの場面での親神楽からの助力が得られる。後ろ盾のない多くの神楽が途絶えていくなか、現在も早池峰岳流神楽として存続を保持することを可能としている。このように現在の師弟関係は、親・弟子神楽の双方が地域社会にあって相互共存のもとに「早池峰岳流神楽」という一つの共同体として成立し、存続することを基盤としたものなのである。

（2） 中断神楽とその背景

次に二つの地域における早池峰流の中断神楽の事例について、特にその衰退の経過について触れたい。

①田瀬地区の早池峰流神楽（沼ノ沢神楽・白土神楽・砥森神楽）

一つ目は、ダムの建設にともない衰退していった田瀬地区の神楽についてである。東和町の南東に位置する田瀬地区は小倉・白土・中道の三つの集落で構成され、昭和二十九年（一九五四）に岩手県で初めて建設された田瀬ダムと豊かな田園を有する。かつては岳神楽の門付けの霞であったこの土地にも、各集落に弟子神楽が存在していた。しかしながらダムの建設にともなう人口の減少や神楽衆の高齢化より、これらの神楽の継続が困難となっていく。湖底に沈んだ集落の住民の多くは土地を譲り、田瀬の土地から離れていったという。

沼ノ沢神楽は、田瀬地区小倉の駒形神社の奉納神楽である。通称「田瀬神楽」と呼ばれるこの神楽は、明治二〇年（一八八七）に当時の神官朝倉繁収氏が、岳神楽の流れを汲む砂子神楽を師匠に神楽を伝承したと伝えられる。現在、神楽庭元となっている朝倉家が当時の獅子頭の権現と「言い立て本」を所有している。稲作と葉タバコ栽培を中心に豊かな農業を営んでいた小倉地区では、神社祭礼や集落行事の際、「式舞」や「権現舞」などが盛んにおこなわれていたが、田瀬ダムの建設にともなう昭和十年代後半〜二十年代にかけての住民の減少により、神楽もまた次第に衰えていった。それでも昭和五十年代までは継続していた「式舞」も、さらに神楽衆の高齢化と後継者不足により、「権現舞」と「御神楽奏上」と呼ばれる打ち鳴らしのみの活動となっていき、この五年ほどは、神社祭礼の際「御神楽奏上」のみをおこなっている状況である。

昭和三十年頃には師匠の砂子神楽やその師である丹内山神社神楽（岳神楽の直系）とも互いに協力して人手不足を乗り切っていたが、次第に交流もなくなり、現在は各々の神楽も継続困難となっている。

田瀬地区には沼ノ沢神楽以外に白土神楽・砥森神楽があった。白土神楽は岳系、砥森神楽は大償系の神楽である。白土神楽は田瀬白土の加茂神社（二月二日例祭）の奉納神楽である。文政三年（一八二〇）の頃、岳神楽、そして丹内山神社神楽を師に白土の住人菅原鶴松によって伝えられたことが始まりと伝えられる。聞き取りによれば、岳神楽との交流はおそらく昭和十年代までであり、戦後の交流は途絶えている。庭元家の祀神「観音様」の縁日に毎年岳神楽が来ていて、そのときに神楽も教えていた。また戦中、人手不足による神楽の危機の際には、白土から岳まで神楽衆が出向いて神楽を一緒に舞った。そのときは米をもっていったと聞いているという。許状もあったが、庭元家の火事で消失した。白土神楽はかつて上閉伊郡小友外山神楽・江刺米里八幡神楽を弟子にもっていたことから、数ある岳流弟子神楽のなかでも勢いのある神楽の一つであったことがうかがえる。岳神楽の弟子の意識をもちながらも戦後の交流は途絶えており、平成九年頃まで「権現舞」をおこなっていたが現在は人手不足にて継続困難となっており、沼ノ沢神楽同様に「御神楽奏上」のみの活動となっている。

また、田瀬中道の砥森神楽はすでに廃絶されており、砥森神社例祭には沼ノ沢・白土両神楽が一年交代で御神楽奏上の奉納に出かけている〔写真23〕。沼ノ沢神楽・白土神楽は昭和五十二年に町指定を受けているが、平成十七年の花巻市合併でこれまでの補助が打ち切りになった。行政の行事からの招待状は今でも送られてくるが、神楽を維持することが困難となり、行事に参加することができずにいる。

写真23　砥森神社の例大祭の様子
途絶えた砥森神楽のかわりに、早池峰系の白土神楽と沼ノ沢神楽が隔年で御神楽奏上をおこなう。

②丹内山《たんないさん》神社神楽

次に親神楽との繋がりが希薄になってゆくことによって、弟子神楽が衰退してゆく事例として、丹内山神社神楽について述べる。丹内山神社神楽は本来、岳神楽の弟子として十八世紀の中頃には確立されたと伝えられる。しかし明治の神仏分離以降、その拠点である丹内山神社が、国家神道としての色彩を増していくことにより神楽の内容も、当時の宮司小原実風氏により新たに神道にふさわしい内容に作りかえられたものが、現代に伝えられている。名称も「丹内山神社社風流神楽」と独自の名称に変えられている。[9] 丹内山神楽は平成十四年までは細々ながら継承されてきたが、翌年ついに中断してしまった。これは弟子神楽の拠点である地元の神社との関係のなかで、神楽の内容を変えたことにより、早池峰神楽の根底に流れる本来の「早池峰山」に対する素朴な信仰が衰退し、親神楽との師弟関係も希薄になり、ついには中断してしまった弟子神楽の典型例だといえよう。

(3)　早池峰岳系神楽における継承の条件

ここで親と弟子双方の神楽がどのような関係や問題を抱えつつ、現在に至っているのかを論じたい。継続神楽の共通する特徴として、以下が挙げられる。

①親神楽（早池峰岳神楽）との関係が、特に昭和の戦中・後に強い結びつきをもつ（人数不足の際の協力・神楽の指導など）。

②神楽の長老が健在である（あるいは近年まで健在であった）。
③現在の神楽衆の中核をなす者の年齢が壮年層である。
④神楽の後継者がある程度確保されている。
⑤祭礼や興行に共に参加する機会をもつ。
⑥後援会をもつ。
⑦さらなる孫弟子をもつ。

一方、途絶えゆく神楽の過程について共通する点は、次のような状況が挙げられる。
①親神楽もしくは、師匠となった神楽との関係が途絶えている。
②他の保存会との交流がない。
③神楽を舞う機会の減少。
④神楽衆の減少（神楽衆の高齢化、あるいは地域外に職業をもつことによる、移住や遠距離通勤）により、本来の神楽の形を維持することが困難となる。
⑤後継者問題（小学校で「神楽」を教えるが、中学・高校生になると次第に離れてゆく）。
⑥神楽衆の人数の減少により「式舞」ができなくなり、しばらくは「権現舞」を続けるが、それも困難になると神楽が崩壊。最終的には神社例祭で「御神楽奏上」（神楽拍子の打ち鳴らし）のみをおこなう。

特に⑥においては、神楽の崩壊過程にも一つの法則性があることがわかる。

こうして継続神楽と中断神楽を比較してみると、特に親である早池峰神楽との直接的連携と活動、それを結ぶ長老の存在、さらに神楽の中核をなす神楽衆の存在、つまり組織化した「早池峰系神楽」としての神楽のあり方が、継承を可能とさせる重要な要素として考えられる。

まとめ

ここで今一度、早池峰岳神楽の継承と伝播について考えてみたい。

従来の民俗芸能研究の考え方は、たとえば神楽はそれを伝承する村に祀られた神社に奉納されるものであって、一つの村の中でおこなわれるものと認識されていた。たとえ、近隣の村に伝承されるいくつかの芸能が似た形態をもちおこなわれていたとしても、双方の関連性についてはそれぞれの伝承者からは触れられないことが多い。民俗芸能の多くは、かつては一子相伝・門外不出とされ、他の村の者はその構成員には入ることができない、教えないという形が一般的であった。岩手県の多くの民俗芸能においても、現在でこそ長男以外の男性や女性、もしくは他地域の人々にも民俗芸能を教えるようになってはいるが、その多くの場合は継承者の不足から民俗芸能を絶やさないための対策であって、近年に起こった現象である。このように本来であれば、他地域への芸能の伝播は考えにくいのである。しかしながら、早池峰神楽においては、他地域に多数の弟子神楽を有している。とくに岳神楽は本来の民俗芸能同様、集落内での長子継承を伝統とした神楽衆の構成をもち、現在も他地域の人々は血族でなければ神楽衆の構成に入ることはできないという厳格な側面をもつ反面、他地域に多数の弟子神楽をもつということが興味深い。

これらの弟子神楽は、神楽を担う人々が山を下りて地域との交流をもつなかで形成された。神楽を担う人々が、里で神楽をおこなうために山を降りるにあたっての理由は、早池峰山の信仰圏を基盤に、時代によっては盛岡藩公認の宗教者として、もしくは米や雑穀をめぐる彼らの経済活動として、あるいは民衆の娯楽として神楽が求められたことなども考えられよう。また、旧東和町の晴山神楽には、「天保の飢饉のとき、大償斎部流式神楽師一行が晴山の富豪横川家に三年間世話になり、その礼として神楽を教えた」との伝承がある。飢饉の際に、門付けをしていた地域に一時的に身を寄せていたことなども、他地域への神楽の伝承に結びついたことが推測できる。(10)

このように早池峰神楽の場合は、「伝承者」である神楽衆が廻村巡業を通して、彼らの目的を果たしていく過程で弟子神楽が形成されていった。いわば、神楽を取り巻く社会状況の変遷のなかで、信仰の側面だけでなく、人々を集め「見せる芸能」「見せる神楽」の要素も強化されていったといえよう。

以上、旧東和町の早池峰岳系弟子神楽を調査し、その師弟関係を通して、近現代の早池峰岳神楽の継承と伝播の状況、および神楽を維持するにあたっての条件を考察した。考察を通して、「早池峰岳流神楽」は、単なる名称のみの継承ではないことがわかった。弟子入り後、数年研鑽を積み、神楽の様相のすべてが岳流の要素を満たした状況となり師匠に認められて初めて、「早池峰岳流」を名乗ることが許されるのである。

こうして成立した弟子神楽と親神楽との相互の組織的な運営により、互いの神楽の維持と存続を安定化させることができている。

これまで述べてきたように、早池峰岳神楽は早池峰山を信仰する領域に神楽を伝えて、弟子神楽が成立した。そしてその師弟関係に基づく組織構造を形成し、相互の神楽を維持してきたことがわかった。つまり早池峰神楽の伝播においては、当然のことながら早池峰山信仰が機能しているのである。このことは、重要な意味をもつものである。さらに本章で取り上げた事例から、限定された地域での活動、あるいは単体で芸能を維持することの困難が明らかになった。民俗芸能の将来を考えるにあたり、共有する信仰や意識のもとに、それぞれの民俗芸能が組織構造を形成し、相互の協力をもちながら活動を営んでいくことが、今後の民俗芸能の継承と維持の鍵となるのではないだろうか。そしてこうした早池峰神楽の事例は、民俗芸能の伝播における形態の一つの可能性として捉えられるのではないか。そうであるならば、今後の民俗芸能研究においては、これまでの地域に焦点をあてたものから、さらに広域に目を向け、調査と考察を深めていく必要がある。

（1）『東和町史』上巻（一九七四年、三頁参照）。
（2）『東和町史』下巻（一九七八年、三六四〜三六六・三八二〜三八四頁参照）。
（3）同右、八八六頁。
（4）『岩手県の芸能――岩手県民俗芸能緊急調査報告書――』（岩手県教育委員会、一九九七年）。本報告書は県内民俗芸能の「伝承地」「主な公開の機会・場所・期日」「記録資料」についての悉皆調査である。このうち詳細調査として記載されているのは、代表的な限られた芸能についてである。
（5）「御神楽奏上」とは神楽拍子とも呼ばれ、笛・太鼓の神楽拍子の奉上のことである。「式舞」はいつどこで神楽を奉ずる場合でも最初に必ず舞う重要な六曲のこと。「権現舞」は、神楽の最後に必ず舞われる舞曲で、豊饒を予祝しておこなわれる。また、獅子頭の権現様は、「神仏が獅子の姿を借りて人間の前にその存在を示されている」と言われており、岳や大償集落の守り神となっていると同時に早池峰神楽のシンボルである。一ノ倉俊一『早池峰神楽』（大迫町観光協会編、一九八四年、七五・一四〇頁）。
（6）大乗系神楽とは山伏神楽と同様に権現を奉じる修験系の神楽で、大乗仏教をもとに加持祈禱をおこなう。旧和賀郡地方に分布し法印神楽（発祥当時の芸態を残す法印が伝えた神楽）の要素が強い。他に北笹間神楽（花巻市）和賀大乗神楽（北上市）がある（『炎の伝承』北上・みちのく芸能まつり実行委員会編、一九九九年、五九・六四頁）。夏油神楽の場合は伝承地（北上市和賀町岩崎字夏油）が和賀大乗神楽の盛んな地域でもあり、長い間にその影響を受けたと考えられている。
（7）森尻純夫「「弟子座」の形成〜地域の宗教感性と芸能への身体動機」（『民俗芸能研究』第一一号、民俗芸能学会、一九九〇年、一二五頁参照）。

（8）同右、三八〜三九頁参照。

（9）「社風神楽」とは「旧盛岡藩領の社家神職が組織した神楽」とされる。この名称を付けさせたのは、盛岡藩主南部利敬であるといわれる（註（6）『炎の伝承』、六四頁）。明治期以降、丹内山神社の宮司小原実風が神楽の内容を改めるとともに、丹内山神社神楽が「社風神楽」という独自の名称を名乗るようになった。そのことから、弟子神楽である砂子神楽・沼ノ沢神楽も同様の名称を名乗るようになったと伝えられる。

（10）晴山神楽とほぼ同時期の天保五年（一八三四）に、岳神楽もまた旧宮守村の塚沢神楽に神楽を直接伝えている。「飢饉のために身を寄せた」との伝承は残されていないが、「岳の人達が来ていて、神楽を教わったらしい」と地域に伝承されている。この地域は岳神楽の「霞」の範囲ではないために、天保の飢饉の影響で岳の人々が山を降りていたことが推測される。

第六章　弟子神楽の成立過程

はじめに

これまで、早池峰岳神楽が伝播された地域ごとの弟子神楽の詳細と伝播の特徴を述べ、岳神楽における弟子神楽とはなにかについて検証してきた。さらにこの章では、岳神楽が、なぜどのようにして広範囲にしかも長期間にわたり伝播されてきたのか、弟子神楽の成立の過程について総じて述べたい。

一　弟子神楽成立の背景――伝播の核となる神楽の存在

第三章において、これまで一様に弟子神楽として捉えられてきた神楽群について、岳神楽の流れを汲むという伝承をもつ神楽を総じて「早池峰岳系神楽」とし、それをさらに二つに分類した。一つは岳神楽の流れを汲むという伝承をもつが、師弟関係の詳細は不明であり、実際には現在の師弟関係をもたない「伝早池峰岳系神楽」、そしてもう一つが岳神楽との実際の師弟関係や過去の交流の痕跡を残し、みずから早池峰岳流を名乗る「早池峰岳流神楽」である。

これまで、各地域の早池峰岳系神楽について述べてきたが、伝早池峰岳系神楽の範囲まで含むと、中断している神楽も含めて確認できる神楽団体は五十四団体である。

このうち岳神楽が伝播するにあたり、その核となる十二の神楽団体が存在する。ここで述べる伝播の核とは、伝播するうえで力となった神楽の意味である。詳細に調査すると、早池峰岳系神楽は岳神楽から神楽を伝えられるのみでなく、岳神楽の弟子からも伝承されている事例が多い。以下にあげる十二の神楽のほとんどが岳神楽の直弟子であり、これらの神楽から広範囲に岳系の神楽が広められたことがわかった。また、これらの核となる神楽のうち、伝早池峰岳系神楽が三団体ある。核となる神楽とその弟子神楽を分析すると、以下のようになる（図表11）。これに加えて、他神楽との師弟関係はもたないが、単独で活動できる神楽が三団体（羽山神楽・葛神楽・赤沢神楽）ある。

このうち現行は三十七団体である。現行とは、「権現舞」もしくは「式六番」を演じられる神楽とした。御神楽（神楽拍子の打ち鳴らし）のみをおこなう団体は中断とみなした。

伝播した地域は、第三・四・五章で報告した旧花巻市・旧東和町・旧石鳥谷町・紫波町、さらに旧江刺市・北上市などであるが、このうち伝播の核となる神楽はとくに旧花巻市・旧東和町・旧石鳥谷町に集中している。これらの地域は同じく神楽が伝播した他地域に比べると、岳神楽の存在する旧大迫町から比較的近位置にある（図表12）。また、現在確認できうる弟子神楽の系譜を、後掲図表13に示す。

次節では、これらの早池峰岳系神楽がどのようにして形成されていったのかについて述べたい。

図表11　早池峰岳神楽の伝播の核となる神楽とその弟子神楽数

丹内山神社神楽	八幡神楽	白土神楽	幸田神楽	胡四王神楽	石鳩岡神楽	種森神楽	貴船神楽	土沢上町神楽	大畑神楽	塚沢神楽	浮田神楽
4団体	7団体	3団体	11団体	8団体	5団体	2団体	2団体	3団体	2団体	2団体	2団体

図表12　早池峰岳神楽の伝播の核となる神楽の所在地

※(　)内はこの神楽を含めて伝播した神楽の数
※単独で活動できる3神楽(羽山神楽・葛神楽・赤沢神楽)を加えている

二　弟子神楽の成立期分類

長澤壮平氏は『早池峰岳神楽　舞の象徴と社会的実践』のなかで、岳神楽の歴史を次の四つに時期に分類している。(1)

第一の時期…田中明神から（神楽を）伝授されてから、早池峰大権現の祭祀権を得るまでの期間であり、岳神楽の黎明期。

第二の時期…南部藩の庇護の下、早池峰大権現の祭祀権を得て、仁和寺末寺としての妙泉寺に属し、岳六坊の人々に（神楽が）担われた時代。

第三の時期…神仏分離により社会的地位を失い、質素な生活環境において信仰を実践したいわば「民俗的」な時期。

第四の時期…昭和初期において研究者に発見され、自己を対象化し地元外へと展開する「近代化」の時期。

長澤氏は、「第一の時期」については熊野修験の影響が強い修験の芸能と推察し、「第二の時期」は岳神楽の組織的基礎が幕藩体制において整えられ、その体制下の長い期間において様式が固定したと考察し、さらに鍵となるのは、真言宗嶽妙泉寺と吉田神道であると述べている。これらとの関わりのなかで、岳神楽はみずからの神仏混交の実践を存分に展開させ、現在に通じる釈義を作り上げたと考察している。

長澤氏の分類は岳神楽そのものの歴史についての報告であり、弟子神楽の成立を検討に入れたものではない。しかしながら、岳神楽の歴史的変遷と弟子神楽の成立とは深く関わるので、長澤氏の分類は岳神楽と弟子神楽のことを考える上でも参考になる。筆者は、このような岳神楽の歴史的変遷を踏まえながら、特に時代ごとの岳神楽を担う人々の社会的身分に着目し、さらに弟子神楽の成立年代と所在地、神楽の伝承形態、つまり「いつ」「どこで」「どの師匠から」「誰に」「いかにして神楽を伝授されたのか」を視点として、弟子神楽の形成を第六期に分類したものを報告する。

〈早池峰岳神楽における弟子神楽の成立期による分類〉

第一期　山伏による神楽の伝承期

【現存する最古の獅子頭権現の銘である文禄四年（一五九五）～八幡神楽の成立する元禄元年（一六八八）】

修験山伏が早池峰山（岳）に出向き、加持祈禱の一環として神楽を学ぶ時期。

第二期　岳神楽の直弟子の形成初期

【元禄二年（一六八九）～石鳩岡神楽の成立する文化二年（一八〇五）】

外へ向けた伝播の始まり。嶽妙泉寺の意向により吉田神道の裁許状を得て、社家の身分となった岳六坊の人々が、内川目から峠一つを越えて行ける近隣地域の、同じく社家の身分の者や地域の有力者へ神楽を伝える時期。

第三期　岳神楽の直弟子の形成最盛期

【文化三年（一八〇六）～塚沢神楽の成立する天保五年（一八三四）】

廻村巡業による伝播。盛岡藩により嶽妙泉寺から切り離された岳六坊の人々が、生活を守るために、街道などを利用して移動し廻村巡業（門付け）をおこない、地域と関わりをもち、地域住民に神楽を伝える時期。

第四期　岳神楽の孫弟子の形成期

【天保六年（一八三五）～更木神楽の成立する慶応三年（一八六七）】

六坊からの直接的伝授ではなく、弟子から孫弟子へと神楽が伝わる時期。広範囲な伝播がなされる。

ゴシック：岳神楽の弟子神楽　〈　〉記載：弟子神楽からの伝播した神楽　▒▒ 記載：岳神楽との師弟関係が不明な神楽

							明治時代	大正時代	昭和時代
	天保	弘化	嘉永	安政	元治	慶応			戦後
	第四期						第五期		第六期

〈更木神楽〉（慶応3年）
〈太田神楽〉（明治元年）
〈大瀬川神楽〉（明治3年）
〈砂子神楽〉（嘉永5年）　〈田瀬神楽〉（明治20年）
〈社風長京神楽〉
（安政3年＊享保年間の説もあり）
〈塚沢神楽〉（天保5年）　〈早池峰岳流綾内神楽〉
（大正4年に水押神楽の弟子と成立するも昭和56年に石鳩岡の弟子として復興）
〈早池峰岳流駒形神楽〉
（昭和21年　＊岳の伊藤巳太郎氏とともに指導）
〈中寺林神楽〉
（昭和11年）
〈金谷神楽〉（大正11年）
〈岳流学間沢神楽〉（慶応年間＊大正4年伝承説あり）
〈外山神楽〉（明治28年）
〈稲荷神楽〉（弘化2年）
塚沢神楽（天保5年）　〈平倉神楽〉
（明治34年＊元は塚沢神楽より伝承　現在石鳩岡神楽の弟子）
夏油神楽
（明治初期＊元は岳神楽の弟子　昭和58年より石鳩岡神楽の弟子として再興）
〈二子町川端岳神楽〉
（天保14年＊岳神楽から直接伝承したか）
早池峰岳流浮田神楽（大正5年）
胡四王神楽
（安政3年＊ただし慶長3年の獅子頭あり）
〈倉掛神楽〉（戦後）
〈下似田内神楽〉
（戦後＊元は幸田神楽の弟子）
〈石持神楽〉
（昭和40年）
〈内高松神楽〉
（戦後＊元は幸田神楽の弟子）
〈小舟渡神楽〉（戦後）
〈胡四王婦人神楽〉（戦後）

幸田神楽
（天保年間＊過去に神楽あり）
〈高木岡神楽〉　**堰袋神楽金比羅神楽**（明治22年）
（元治元年）
〈中内神楽〉（明治10年）
〈下通り神楽〉（明治後期）
〈安野神楽〉（明治後期）
〈高木小路神楽〉
（明治後期＊元は幸田神楽の弟子であったが明治後半に胡四王神楽の弟子となる）
〈北小山田神楽〉（大正後期）
〈成島神楽〉（昭和30年代）
〈田力神楽〉（昭和48年）
〈袰輪神楽〉（昭和50年）
〈平良木神楽〉（昭和51年）
〈上駒板神楽〉（昭和51年）

（成立年代と師弟関係が伝えられている神楽のみ記載）

図表13　早池峰岳系神楽系譜(成立年代と師弟関係が伝えられている神楽のみ記載)

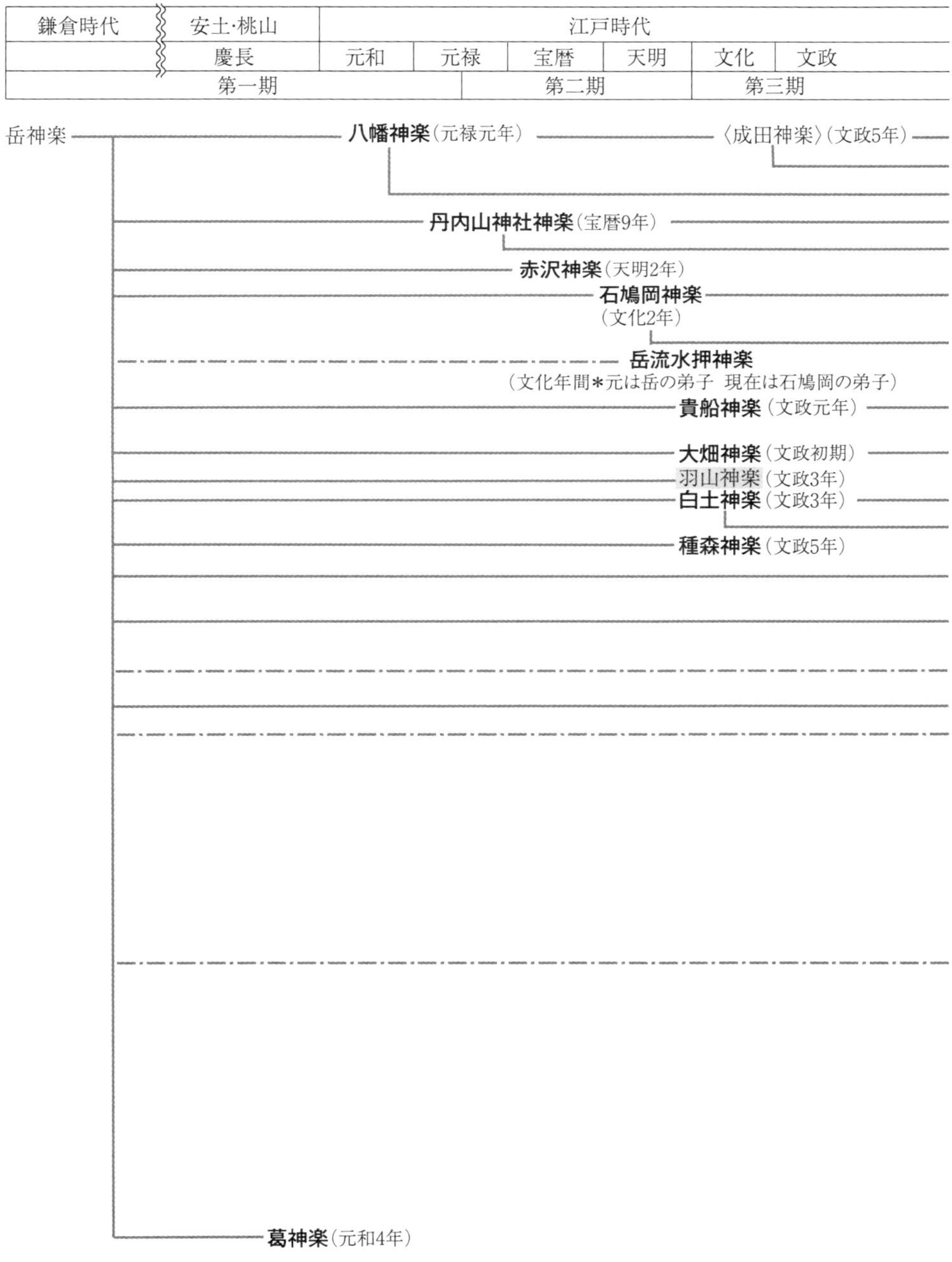

図表14　第１～６期までの早池峰岳系神楽の伝播図

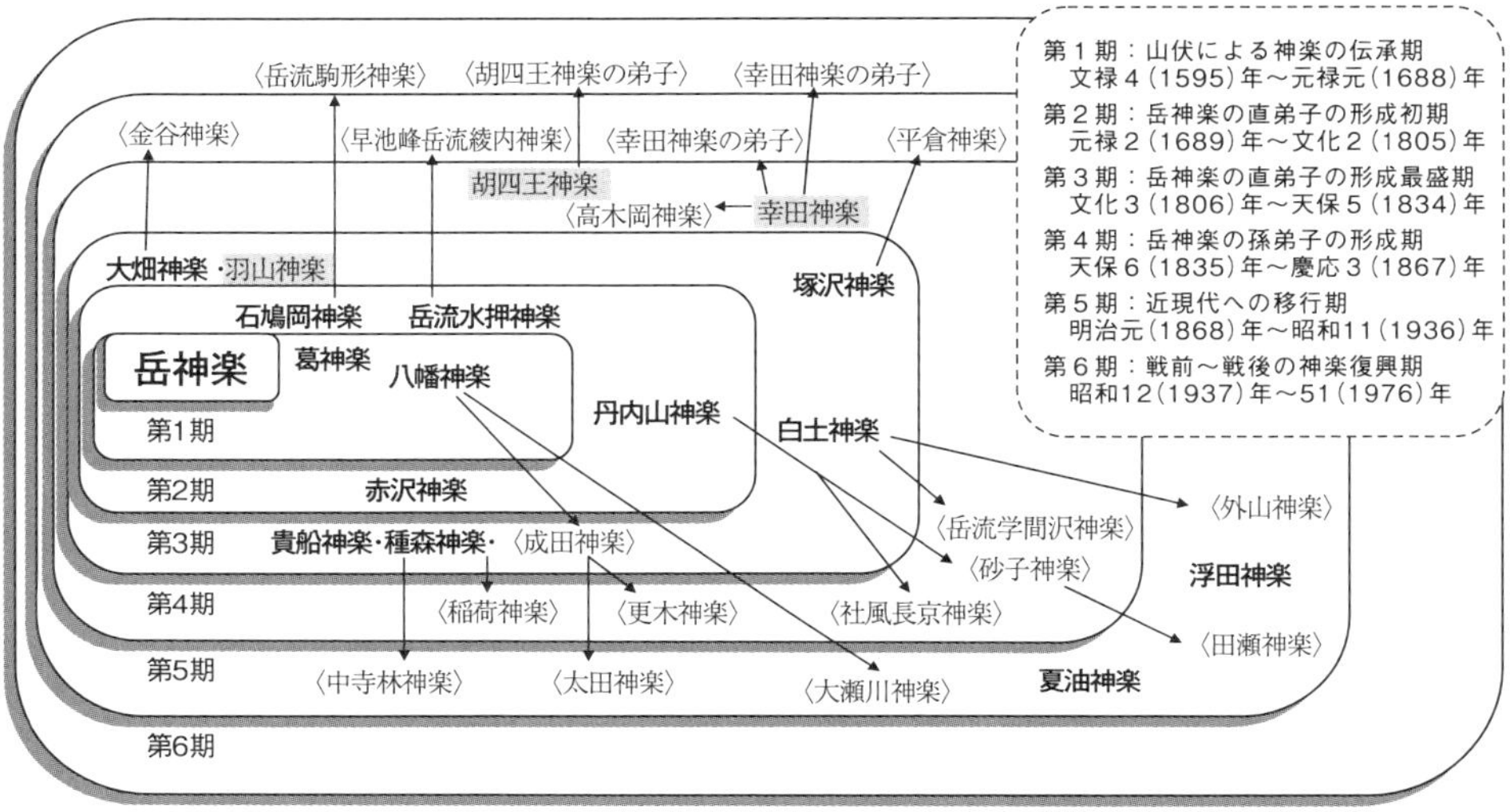

※初期の伝播を図式化したもの。ただし後に師匠を替えるなどの事例はあり。
※成立年代と師弟関係が確認できる神楽についてのみ掲載。
※ゴシック：岳神楽の直弟子神楽　〈　〉記載：弟子神楽から伝播した神楽　（網掛け）：伝早池峰岳系神楽であるが師弟関係が不明の神楽

第五期　近現代への移行期

【太田神楽の成立する明治元年（一八六八）～中寺林神楽の成立する昭和十一年（一九三六）】

神仏分離令の影響と芸能の自由化・現代への移行期。弟子神楽から、さらなる近隣集落住民へと神楽が伝わる時期。

第六期　戦前～戦後の神楽復興期

【昭和十二年（一九三七）～平良木神楽と上駒板神楽の成立する五十一年（一九七六）】

主として花巻市内での伝播。花巻市内に所在する伝早池峰系神楽である幸田神楽と胡四王神楽の弟子神楽が成立する時期。

以上を図式化したものを図表14に掲載する。

嶽妙泉寺および岳神楽の記録は、岳集落の数度の火災により焼失されているが、『嶽妙泉寺文書』や獅子頭の銘など、慶長期以降の様子を知ることができるものが若干残されている。さらに岳神楽の流れを汲む神楽においても、史料は焼失や紛失が多く、その成立を明確に示すものは少ないが、神楽衆に伝えられる神楽の成立由来を含めて、現在所有する「神楽伝授書」や「言い立て本」、もしくは獅子頭権現の銘により、神楽の開始時期の目安をつけることができる。これらの史料を活用することで、弟子神楽の成立時期と岳神楽を取り巻く社会背景に焦点をあてて、各時期の神楽の伝播の詳細と特徴を整理し後述する。

なお、神楽を取り巻く時代背景については、第二章第三節第二項「嶽妙泉寺の変遷」および第三項「六坊」において全体をまとめているが、ここではさらに各期における詳細について述べたい。また、各期成立の神楽のうち、第三章から第五章ですでに述べているものについては、本章では概要のみを、初出のものについては適宜、詳細を記すこととする。

（一）第一期　山伏による神楽の伝承期

①第一期の時代背景

第一期は、嶽妙泉寺が天正十八年（一五九〇）に豊臣秀吉より和賀・稗貫・紫波を拝領した盛岡南部氏の統治下に置かれ、早池峰山の祭祀権がそれまでの田中一族から嶽妙泉寺に移行する時期である。と同時に、嶽妙泉寺が文禄三年以降、慶長期に入り、盛岡南部氏とその祈願寺である永福寺の支配のもとに新しい嶽妙泉寺の基を作ることとなる時期でもある。

神楽を担う岳六坊の史料上の初見は、慶長十七年（一六一二）の早池峰神社棟札に「箱匠三右衛門」とあり、また元和期の「田中山陰系図」には「鎌津田大善院」とある。大善院とは、六坊の一つである大乗坊の鎌津田三右衛門の修験院号であり、この人物が鎌津田相模家の祖といわれている。(2) さらに、延宝二年（一六七四）十二月には、嶽妙泉寺は京都御室所仁和寺の直末寺となる。そして元禄年間（一六八八〜一七〇四）には、大飢饉に見舞われるのである。

②第一期成立の早池峰岳系神楽

第一期に成立したことが伝承される早池峰岳系神楽は、花巻市の葛神楽と旧石鳥谷町の八幡神楽のみである。以下に成立期と伝承を記す〔図表15〕。

葛神楽を早池峰岳系神楽とする根拠は、元和四年（一六一八）銘の「神楽言い立て本」を所有し、そのなかに「早池峯三神道より之伝書之写」の記載があることからである。この「言い立て本」は、これまで岩手県内で発見された早池峰系の「神楽言い立て本」のなかでも、最古のものである。しかしながらそのなかには、いつ誰がどの師匠から神楽を学んだのかについての記載はなく、神楽衆にも伝えられていない。

八幡神楽はさらに、七十年後の元禄元年の成立と伝えられる。八幡神楽については「八幡村の松ノ木（屋号）の大原源太郎が岳に行き、神楽を伝授された」と神楽衆に伝えられている。松ノ木の大原家は実在するものの、大原源太郎というこの家の祖先についての記録はない。したがってこの人物がどのような身分であったのか、もしくは修験山伏であったのかについては不明である。大原家は以前、神社に関わる家柄であったことのみが伝えられる。

図表15　第一期成立の早池峰岳系神楽

神楽名	成立時期	所在地	成立時期
葛神楽	元和四年（一六一八）	花巻市葛	詳細不明
八幡神楽	元禄元年（一六八八）	旧石鳥谷町八幡	松ノ木の大原源太郎が岳に行き習得

また、歴代の神楽衆の氏名が記載

されている昭和三十六年作成の『八幡神楽巻物』は、過去に原本となるものが存在していたという。このなかに、元文元年（一七三六）に岳神楽から師匠を招いたとの記載がある。また元禄元年製と伝えられる獅子頭権現と、安永二年（一七七三）銘の獅子頭権現が保存されている。安永二年銘の獅子頭の内側面には、制作年代などとともに安永期に石鳥谷八幡村に配置された年行事である「万蔵院」と、花巻地方の筆頭修験である「一明院」の記載があり、神社の祭祀に修験との関わりがあったことがわかる。[3]

葛神楽の詳細については第三章を、八幡神楽については第四章で報告しているので、ご参照頂きたい。

これらの神楽の成立に関して、早池峰山との関係を示すと考えられる史料は、葛神楽の「神楽言い立て本」のみである。しかしながら、前述のように岳の誰を師匠としたのかが伝えられておらず、師弟関係を明示すものがないために早池峰岳系神楽が当時どのように伝播したのかを明確にすることができない。

また、この時期の成立ではないが胡四王神楽（花巻市矢沢）については、「康保年中（九六四〜九六八）当地方に疫病大流行の際、修験山伏が、病魔退散・厄災消除を祈念して慰霊安鎮の舞を奉納したという」[4]と伝えられ、幸田神楽（花巻市幸田）は「藤原秀衡の三男泉三郎忠衡は、（中略）矢沢地域の灌漑用水を確保するために幸田川を塞き止めて、溜め池を築く工事をはじめたのであるが思うように工事が進まず思案の末、忠衡公が信仰している、祇園牛頭天王（八雲神社の祭神）を祀り工事の無事完成を祈って神楽を奉納した」[5]と伝えられている。岳神楽を学ぶ以前に、すでに修験系の神楽が存在していたことがうかがえるが、やはりその系譜は不明である。胡四王神楽と幸田神楽の詳細は第三章をご参照頂きたい。

これらの四つの神楽は、いずれも近世初期には神楽をおこなっていたことが伝えられ、神楽にまつわる修験の伝承もしくは痕跡をもつ。さらに、神楽の所在地域は花巻市・旧石鳥谷町で早池峰山の旧大迫町に隣接しており、早池峰山信仰圏に該当する。

第一期は南部氏による支配が始まると同時に、早池峰山の祭祀権も、それまでの田中一族から嶽妙泉寺に移行する時期でもあるが、近世初期にはいまだ中世以来の修験の影響を受けた山伏神楽がおこなわれていたと考える。その頃からすでに存在していたといわれる葛神楽や八幡神楽は、地域に山伏の伝承が残されていること、そして早池峰系神楽特有の師弟関係がこの時代の神楽にはまだ不明瞭な状況をみると、必ずしも岳の人々から神楽を伝授されたとは限らずとも、おそらく修験山伏が早池峰山での修業をする経過のなかで、加持祈禱としての神楽を学び、同じく里の山伏へ伝えたと考えられる。

(2) 第二期　岳神楽の直弟子の形成初期

第二期は、嶽妙泉寺の意向により吉田神道の裁許状を得て、社家の身分となった岳六坊の人々が、峠を越えた近隣地域の同じく社家の身分のものや、地域の有力者へ神楽を伝える時期である。

①第二期の時代背景

元禄元年に八幡神楽が成立して以降、宝暦九年(一七五九)にようやく旧東和町の丹内山神社神楽が成立するまでのおよそ七十一年間、さらに石鳩岡神楽が成立する文化二年までの時代背景について触れたい。

盛岡藩領では元禄五年に凶作が始まり、元禄八年の大飢饉を経て、享保年間(一七一六~三六)に入る。享保十四年(一七二九)には、嶽妙泉寺第二十世義灯が仁和寺へ継目御礼に上京する。その際、六坊の「一九郎(不明・柳田か)、清三郎(鎌津田・大乗坊)、権四郎(佐々木・妙学坊)、清五郎(佐々木・不明)、十内(柳田・東林

坊)」を同伴したことが、『山陰文書』に記されている。(6)

『嶽妙泉寺文書』所収「年中行事」寛政六年（一七九四）の項には、このときのことを、

六坊号　義灯尊師之代　至吉田家　賜裁許状。依之号　社人以前ハ修験之類歟　不詳。一大乗坊　一常楽坊　一東林坊　一妙学坊　一倉本坊　一教学坊。

とあり、義灯の時代に吉田家の裁許状を賜り、それより社人と号したこと、吉田家所属以前の六坊のうち、三坊が本山派修験「一妙学坊　大迫嶽　一東林坊　大迫嶽　一常楽坊　同処」であったことが記載されている。(7)

享保二十年（一七三五）の『嶽妙泉寺文書』所収「早池峰山御用留帳」には、

岳門前社家六人並下社人六人、遠野社家弐人並下社五人、已前より神祇道為相学、早池峰山御祭礼之節、神楽等執行為　仕罷在候。(8)

とあり、このときすでに、六坊は「社家」と表現されており、かつ神社祭祀や神楽などを担う宗教者として記載されている。そして「神道裁許状」を授けられた嶽妙泉寺社家により、吉田神道は享保年間に大迫に伝えられた。

『大迫町史　民俗編』所収の「遠野古事記」によると、

此て人やと云う者は、僧・山伏にもあらず、俗体にて祈禱の守り札を配る。札に中臣祓の文句を書候も見得候ば、禰宜神主の属類ならんか。仙台御領のてんやに、吉田様より受領名御免にて、何ノ守と称し候者有りと聞得候。

とあり、当時吉田神道から裁許状を受けた後に、社家として「守」を名乗っていたことがわかる。(9)

嶽妙泉寺門前六坊も同様に守を名乗ることとなる。第三章第二節では、吉田家入門以前の六坊名を記述したが、入門以降の六坊の神官名の初見は、享保二十年（一七三五）の最興講堂棟札で、「大工棟梁　鎌津田相模守　開

闔　柳田出雲守広親」とある。宝暦十年（一七六〇）南部家記録「御領分兼祀官社家共祀官神職控覚帳」には、薬師堂社人吉田家として「鎌津田三右衛門　柳田大和守　小国若狭守　鈴鹿出雲守　和泉守子佐々木権四郎　小国河内守」と六坊名の記載がある。(10)宝暦・天明期は、大冷害と凶作が続き、その被害は甚大であった。

その後、寛政七年五月に盛岡藩主となった南部利敬は吉田神道に深く傾倒し、寛政から文政（一七八九〜一八三〇）にかけての三十年間に及ぶ神道化政策をおこなってゆくのである。(11)

②第二期成立の早池峰岳系神楽

前述のように元禄元年に八幡神楽が成立して以降、およそ七十一年間は弟子神楽の成立をみない。筆者が第二期とした宝暦九年（一七五九）に、ようやく旧東和町の丹内山神社神楽が成立する。その後、四十六年間に紫波町の早池峰岳流赤沢神楽（天明二年〈一七八二〉）、そして旧東和町の石鳩岡神楽（文化二年〈一八〇五〉）が成立している。以下に第二期成立の神楽を示す〔図表16〕。

この時代には、六坊の民は修験から社人となって神楽をおこなうようになった。第一期とは異なり第二期に成立したこれらの神楽の伝播形式は、非常に明確であり、師弟関係を示す「神楽伝授書」もこの時代から作成されるようになる。

第一期に成立した葛神楽や八幡神楽は、すでに岳神楽が成立していたとされる文禄四年（一五九五）からみても、九十三年間にわずか二つの神楽の成立であり、加えて師匠あるいは師弟関係の伝承がない。このことから、岳神楽を師匠としたことを詳細に示す「神楽伝授書」を有する丹内山神社神楽や石鳩岡神楽が成立した第二期が、実質の早池峰岳系神楽の成立開始期とも言えよう。

図表16　第二期成立の早池峰岳系神楽

神楽名	成立時期	所在地	成立由来
丹内山神社神楽	宝暦九年（一七五九）	旧東和町谷内	柳田大和守と小国河内守から小原治五右衛門へ
早池峰岳流赤沢神楽	天明二年（一七八二）	旧紫波町赤沢	蕨田嘉右衛門が岳を招く
早池峰岳流石鳩岡神楽	文化二年（一八〇五）	旧東和町石鳩岡	小国常磐守藤原常正から菊池伝右衛門へ

なお、丹内山神社神楽と石鳩岡神楽の詳細については、第五章第二節に詳述しているので、ここでは経緯について触れるに留める。赤沢神楽については、本章で述べる。

まず旧東和町谷内の丹内山神社神楽は、宝暦九年に岳の神官である柳田大和守と小国河内守から、丹内山神社の禰宜である小原治五右衛門へ伝授されたことが伝えられている。(12) 柳田大和守とは、六坊の筆頭東林坊の後流であり、このとき柳田大和守と小国河内守から授与された「神楽伝授書」が、現在も保管されている。

旧紫波町の赤沢神楽は、天明二年（一七八二）成立と伝えられる。肝煎であった蕨田の嘉右衛門が、天明の飢饉で世の中が荒れたときに、若い衆の心をまとめたいと考え、茅野《かやの》の助八・澤の正五郎・赤山の三之助らと図って、岳から師を迎えたことが伝えられている。このことは、大正十四年（一九二五）に赤沢松原の神楽衆である吉田吉次郎氏が記した『御神楽縁事記』（田村久氏所蔵）や、神楽の記録に記されている。(13)

これらの記録には、蕨田の嘉右衛門以降の歴代の神楽衆の氏名が記述されている。赤沢神楽を奉納する白山神社は天正期より十一面観音を祀り、盛岡南部家代々の当主により社殿や神楽殿の修復がおこなわれており、嶽妙泉寺同様に盛岡南部氏の厚い庇護を受けていたことがわかる。(14) このため、赤沢神楽の神楽幕には、岳神楽と同じく盛岡南部家の家紋である「向かい鶴」が施されている。また、岳神楽同様の菊花紋が額部に施されている獅子頭権現も保存されている。赤沢神楽は「早池峰山伏神楽岳流赤沢神楽」としてみずから認識しており、平成五年におこなわれた神楽の二二〇周年記念には、岳神楽衆を師匠として招待している。

また石鳩岡神楽については、文化二年の頃、石鳩岡の菊池伝右衛門が岳の小国常磐守藤原常正から、神楽を伝えられた(15)。

第二期に示す三つの神楽は、丹内山神社神楽が成立する宝暦九年（一七五九）からおよそ四十六年の間に成立する。師弟関係は明確であり、いずれの神楽も師匠となった人物は、神官となり守を号する岳門前六坊の民である。このとき彼らは社家という立場で、神楽を伝授していた。神楽を伝授された側も明らかであり、禰宜や肝煎などの地域の指導者的役割をもつ人物である。さらにこの時期には師弟関係を明記した岳神楽からの伝授書が授けられていることなどから、格式をもって神楽が伝授されたことがわかる。

ちなみに、これらの神楽の所在地は、いずれも嶽妙泉寺のある内川目に隣接し、石鳩岡神楽や丹内山神社神楽が所在する和賀郡東和方面へは拝み峠を、紫波郡の赤沢方面へは折壁峠など、双方が岳集落から峠一つを越えて行ける地域である。拝み峠は早池峰山遥拝所として『山陰文書』に記載されており、また折壁境の権現森も同様である。いずれも、古来早池峰山信仰と縁の深い地域であることがわかる(16)。これらの峠路は、街道が整備される以前から利用されていることも考えられる。このことからも、神楽伝播の初期には特に早池峰山信仰と縁の深い隣接地域への伝播であり、その伝播のルートは古来の峠つたいの伝播であって、その後のような広範囲の伝播ではなかったことがわかる。

（3） 第三期　岳神楽の直弟子の形成最盛期

第三期は、盛岡藩の神道化政策により嶽妙泉寺から切り離された六坊の人々が、生活を守るために、街道などの平地づたいに移動し廻村巡業をおこない、地域と関わりをもち、地域住民に神楽を伝える時期である。

①第三期の時代背景

まず、第二期の石鳩岡神楽成立の文化二年（一八〇五）以降、文政元年（一八一八）までの間に、六坊の人々が神楽をおこなうことを困難とする事情が起こる。

寛政七年（一七九五）五月に藩主となった南部利敬は、連年の凶作に財政益窮乏を告げ、御用金・御繰合金・寸志金などの徴収をおこなう。これにより、花巻付近や安俵・高木・小山田付近の者が数千人押し寄せる事態となる。こうした不安定な社会情勢のなかで、南部利敬は吉田神道に強く傾倒し、寛政から文政年間（一七八九～一八三〇）にかけてのおよそ四十年間に及ぶ神道化政策をおこなってゆく。「獅子舞神楽一統御差止」や修験による「氏神祭祀差留」は、盛岡藩による宗教政策の一環として施行された(17)。藩は、寺院、修験もちの神社とその祭祀権を悉く取り上げ、社人に与えたため、修験から社人に転向するものが多く現れた。文化九～十年（一八一二～一三）に発布された「神道布令」では、領内の神職は上方の神祇四家（白河家・藤波家・吉田家・斎部家）に断わりなく入門し、勝手に官服を着用することを禁じ、以降藩の寺社奉行に了解を得ることを義務付けて統制しようとしている(18)。

嶽妙泉寺の六坊は、南部利敬が神道化を進める数十年以前の享保十四年（一七二九）に吉田神道に入門し、すでに社人となっている。これは幕府が寛文二年（一六六二）の「修験法度」や、同六年の「諸社禰宜神主法度」により、修験の統括を図ったことに影響されたのかもしれない。つまり、この時代にすでに中央の情報をいち早く受け入れて、祭祀権の維持を図っていたことが考えられる。それにもかかわらず盛岡藩の宗教政策の際、圧力を受け、修験と同等の処遇を受けている。その理由は明確にされていないが、考えられる理由としては、前述のようにすでに吉田家に入門し裁許状を得ていたこと、もしくは盛岡藩筆頭寺である永福寺の末寺でありながら京都仁和寺の末寺ともなり、寺院としての力を強めたこと、そして南部利敬の統制に従った神楽を門前六坊がおこなわなかったこと、または遠野・嶽両妙泉寺の表裏論争の確執[19]などいくつかがあげられる。[20]いずれにしても、この時期に官服御取り上げや神楽執行停止などの沙汰を受けることとなる。

文化九年（一八一二）七月には、「小国日向、神林和泉、小国河内、鎌津田相模、柳田大和、右五人嶽戴拝状、官服共御取上御座候（略）[21]」とある。これにより嶽妙泉寺は祭祀に支障をきたしてゆく。

さらに同年、神道布令により「獅子舞神楽一統御差留」が出されており、大償神楽別当から神楽継続の嘆願書が提出されている。[22]

文化十二年（一八一五）四月には、「嶽門前社家六人下社人六人」は遠野嶽妙泉寺の社家、下社人とともに藩命により「澤守兵庫支配被仰付、宗門書上等も同人より差上居候」（早池峰山御用留牒）とあるように、新参宮の祭祀権を一時嶽妙泉寺から離され、黒森山別当澤守（津守とも）兵庫の支配下とされた。[23]両妙泉寺はこれに対し、

已然之通召仕、神楽等執行為仕申度奉存候。尤宗門書上之儀も已然の通、両寺依書上候様仕度候（略）[24]

と支配寺の永福寺を通して藩に訴えている。同年六月には、花巻安俵、高木通りなどと称していた花巻の冠称を除くということが布令され、花巻城代の所管から、藩の勘定所直扱いとなった。[25]

このように第二期で嶽妙泉寺門前六坊が形成され、吉田神道の裁許状を得て社家としての神楽がおこなわれるようになったものの、第三期には時の藩主の神道化傾倒による宗教政策により、六坊が神楽や祭祀から切り離さ

れてゆく経過をたどる数十年となる。その後、文政三年（一八二〇）南部利敬が亡くなり、天保三〜六年（一八三二〜三五）に柳田大和が再び吉田家から裁許状を得て門前六坊が復活する。

②第三期成立の早池峰岳系神楽

第三期の岳神楽の弟子神楽の成立状況をみると、非常に興味深い。文化十二年に、新参宮の祭祀権を一時嶽妙泉寺から離されて以降、急激に弟子神楽が増えるのである。しかもこれらの神楽はその後の早池峰岳神楽の伝播における、核となる神楽であった。図表17に「第三期成立の早池峰岳系神楽および保存史料」を、図表18に「第三期成立の早池峰岳系神楽の由来と伝授書」をまとめた。

図表17　第三期成立の早池峰岳系神楽および保存史料

神楽名	成立時期	所在地	保存史料
貴船神楽	文政元年（一八一八）	旧石鳥谷町南寺林村	文政八年　言い立て本
羽山神楽	文政三年（一八二〇）か	花巻市湯本	文政三年銘　獅子頭権現
大畑神楽	文政初期（一八一八〜）	花巻市大畑村	文政十三年　神楽掟書
白土神楽	文政三年（一八二〇）	旧東和町白土村	文政期　言い立て本（焼失）
種森神楽	文政五年（一八二二）	旧石鳥谷町種森村	文政十二年銘　獅子頭権現
幸田神楽	天保年間（一八三〇〜四四）	花巻市幸田	安政二年　言い立て本
塚沢神楽	天保五年（一八三四）	旧宮守村塚沢村	天保五年銘　獅子頭

羽山神楽・幸田神楽については第三章、貴船神楽・種森神楽については第四章、そして白土神楽については第五章に詳細を掲載しているのでご参照頂きたい。ここでは、各神楽の概要を述べる。

貴船神楽は、旧石鳥谷町南寺林村大蔵院の修験「鎌田コウケイ」が岳神楽を習得し郷里に戻り、息子の広観と和七にこれを伝えた。(26) 文政八年

図表18　第三期成立の早池峰岳系神楽の由来と伝授書

神楽名称	成立由来と神楽由来書
貴船神楽	南寺林村大蔵院(寺林の羽黒派閣、一妙院支配として「神職修験面附」(弘化~嘉永までの記録)に記載がある。貴船神楽の詳細については第四章を参照)の修験「鎌田コウケイ」(書字不明)が岳神楽に弟子入りしたことが伝えられ、神楽を習得し郷里に戻る。文政元年に岳神楽から許状(神楽伝授書)を授けられ、神楽が始まる
羽山神楽	小国村常楽法院あるいは宮古の鎌津田左京法院伝授説があるが、記録はない嘉永二年(一八四九)「神楽秘伝控」が焼失
大畑神楽	旧正月に大畑に門付けに来ていた岳神楽から、大畑の人が教わった
白土神楽	文政三年に門付けに来ていた岳神楽から、菅原鶴松が神楽を習う神楽伝授書を庭元(神楽元締め)家が所有していたが、焼失
種森神楽	新堀に門付けに来ていた岳神楽に、沢藤伝五郎親子が弟子入りした
幸田神楽	天保年間に岳神楽を学んで神楽を開始した
塚沢神楽	岳の人から神楽を教わる。詳細は不明

(一八二五)銘の「言い立て本」(貴船神社所蔵)には、「文政八酉年　正月吉日　下沖田庵　□□　和七」とあり、神楽二代目の和七が文政八年に神楽を行っていたことがわかる。

羽山神楽の成立由来については、小国村常楽法院あるいは宮古の鎌津田左京法院伝授説があるが、記録はなく詳細不明である。文政三年(一八二〇)銘の獅子頭権現を有する。嘉永二年(一八四九)「神楽秘伝控」が焼失。羽山神社宮司である小田島氏の祖は、稗貫郡和賀年行事一明院支配下の本山派修験専蔵院である。専蔵院の寺社堂に羽山権現が所在していたことが『修験人別帳』に記載されていることが調査でわかっている[27]。

大畑神楽については、文政初期、大畑村に旧正月の門付けに廻ってきた岳神楽の人から、大畑の人が教わった。神楽言い立てと「神歌」は岳神楽のものと同じであることが神楽の先輩から伝えられている。花巻市湯本には十社の神社があるが、現在神楽を継続できているのは、大畑神楽とその弟子の金谷神楽、そして羽山神楽である。

白土神楽は、文政三年に門付けに来ていた岳神楽から菅原鶴松が神楽を習い、開始したことが伝えられる。過去に「神楽伝授書」を庭元家が所有していたが、昭和二十二年に焼失。岳神楽は古い時代から白土に門付けに来ており、その他神楽庭元の氏神の祭日にも来ていた。
種森神楽は、文政五年（一八二二）に沢藤伝五郎親子が、新堀（旧石鳥谷町新堀）に門付けに来ていた岳神楽に弟子入りし、同十一年に神楽を舞う許しを受けたことが伝えられている。[28] 現在歌われている神歌は、岳神楽から伝えられた当時のものと伝えられ、神仏習合時代の様式である〔図表9〕。
幸田神楽は天保年間に岳神楽を学び、神楽を開始したことが伝えられる。また幸田の地域には、中世から修験系の神楽が存在していたことが、神楽の奉納神社である八雲神社縁起として伝えられる。
塚沢神楽については、塚沢に岳の人が来ていて、そのときに神楽を教わったことが伝えられる。天保五年（一八三四）銘の獅子頭権現があることから、その時期に成立されたと考えられている。ただし塚沢地区は岳神楽の廻村巡業の地域ではなく、それ以外の事情で岳の人々が塚沢を訪れていたことが考えられる。
第三期成立のこれらの七つの神楽は、すべての神楽に共通というわけではないが、相互にいくつかの共通点がある。以下に記述し、第三期の特徴を述べる。
ⓐ修験系の伝播（成立に修験との関わりをもつ）
　貴船神楽・羽山神楽・幸田神楽
ⓑ岳神楽の門付けがおこなわれた地域（花巻地方、旧石鳥谷・東和町）
　白土神楽・大畑神楽・種森神楽
ⓒ「神楽伝授書」の所有
　貴船神楽・羽山神楽・白土神楽
ⓓ師弟関係の明確化

羽山神楽以外は、師匠は「岳の人」もしくは「岳神楽」と伝承される
弟子神楽側の神楽の初代については、貴船神楽・白土神楽・種森神楽が具体名を伝えている
ⓔ旧街道筋の伝播
旧大迫通（現釜石・遠野街道）など

時代背景からみると、文化十二年四月の藩命により、岳六坊が嶽妙泉寺支配から離れて以降、神楽の成立第三期の文政元年（一八一八）から同五年のわずか四年間の間に、直弟子神楽は急速に増える。記録には見当たらないが、おそらく神事や神楽もおこなえなくなり、嶽妙泉寺支配から解離された六坊が、生きる手段として早池峰山信仰圏内を廻村巡業し、門付けによって生計をたてるようになったことが推察される。そのためか、この時期に成立した弟子神楽は、岳神楽の巡業の際に成立している事例が多い。これらの地域へは、旧街道を通過して巡業したようである。

また、羽山神楽や貴船神楽のような、修験の関わりをもつ弟子神楽も成立をみている。当時はまだ、早池峰山に出向き、神楽を学ぶという修験的な伝播もあったことが考えられる。さらに、『嶽妙泉寺文書』を見ると、寛政九年（一七九七）の「乍恐奉願上候事」には「門前六坊」として鈴鹿富之助・鎌津田相模守・上林和泉守・柳田大和守・小国因幡守・小国日向守の六家の署名があるが、文化九年（一八一二）の「獅子舞神楽一統御差留」や、澤守兵庫支配となった後の同十三年（一八一六）の「人別御改帳」には「門前三軒」と記載され、本来六坊であるものが減っている。また、安永八年「新什物改帳」には六坊の署名があるが、文化十一年の「書物改帳」には、六坊の署名はなく、その後天保六年「妙泉寺古什帳」にようやく「門前六坊」の署名が見られるようになる。[29] このことから、嶽妙泉寺支配から解離された後、山を降りた六坊の人々がいたことが推察される。第二期で

は、師匠名として「守」を付加していたが、第三期では神楽が伝承された各地域において、師匠は「岳の人」もしくは「岳神楽の人」と伝えられており、伝授書などの記録も見当たらない。これは岳六坊が嶽妙泉寺支配から離されて、社家としての神楽や格式ある神楽の伝授ができなくなったことを意味するのではないだろうか。

第三期で社家としての痕跡を残す唯一の資料は、種森神楽に保存される文政十二年（一八二九）銘の獅子頭権現の内部に記載されている、

　文化十二年　東嶽　早池峰山　社家　小国日向正□　藤原由貞　七十　丑九月日

である。当時の師匠が、岳六坊のうち小国家（高台坊）と藤原家（日向坊）であったことがわかり、師匠二人の氏名に吉田神道特有の呼称「守」を付加していないが、社家と名乗っている。文政十二年（一八二九）は南部利敬が没した九年後であり、その六年後にはすでに「門前六坊」として妙泉寺に復職しているため、この頃から再び社家を名乗り始めたことが考えられる。

さらにこの時期には、初めて弟子神楽から伝播された神楽の成立をみる。文政五年（一八二二）に八幡神楽から伝授された成田神楽（現北上市成田）である。後にこの成田神楽から、旧黒沢尻（現北上市）地方へ複数の早池峰系神楽が伝えられた。これについては、第四期で述べる。

⑷　第四期　岳神楽の孫弟子の形成期

①第四期の時代背景

南部利敬（在職三十七年）の死後、十数年後の天保三～六年（一八三二～三五）に、柳田上総らが再び吉田家裁許状を得て「門前六坊」は復活する。(30) その後神楽成立の第四期が始まる。

また、同年より七年にわたる天保の大飢饉があり盛岡藩領内も多くの人命が失われた。こうした状況のなか、江戸幕府から蝦夷地（松前）の警備を仙台藩・津軽藩とともに盛岡藩も命じられ、藩の財政は困窮していく。民衆にとっても年貢の加増など不安な時代となっていく。

②第四期成立の早池峰岳系神楽

この時代の早池峰岳系神楽も特徴的である。天保五年（一八三四）の塚沢神楽成立以降、現在確認できている神楽のなかで岳神楽からの直接的な指導を受けた弟子は、ほぼ存在しなくなる。ほとんどが岳神楽の弟子により伝えられた神楽である。よって、岳神楽の廻村巡業の地域以外の集落にも早池峰岳系の神楽が成立している。嶽妙泉寺との関わりが考えられるのは、唯一矢沢の胡四王神楽である。安政三年（一八五六）に、小山田外谷地の宮川文助（嶽妙泉寺寺男と伝えられる）を師として、矢沢小倉掛の中島新蔵・米蔵が伝習したことが伝えられる。しかしながら、宮川文助という人物は嶽妙泉寺ゆかりではあるが、神楽を担う六坊との関係は不明であるため、岳神楽の直弟子とみなしてよいのかは検討が必要である。以降の早池峰系神楽はすべて第二期と第三期に成立した直弟子神楽の弟子である。

また、第二期・第三期に伝播した神楽の地域は、岳神楽の廻村巡業の範囲であったが、第四期に成立した神楽の所在地は、北上市・旧石鳥谷町・旧東和町・花巻市・旧江刺市と広範囲であり、しかも盛岡藩の藩境を越えて伝播していることがわかる。図表19に第四期成立の早池峰岳系神楽とその師匠にあたる神楽を記載する。

第四期に成立する神楽が胡四王神楽を除いて、すべて岳神楽の弟子から伝えられた神楽であることを考えると、この時期に岳神楽は、あえて直接的な弟子をもつことをしなかったことが考えられる。身分を回復し、嶽妙泉寺に従事する状況に復職したことで、六坊の人々は再び生活の保証を得られるようになったのではないだろうか。とすれば、もはや広範囲での廻村巡業や弟子神楽をもつ必要はなくなる。彼らの門付けの意義も、本来の信仰的意義の側面と、神楽の担い手の生活を脅かされる状況が発生したときの一時的な打開策としての経済活動の側面の、両方をもっていたことが考えられる。

図表19　第四期成立の早池峰岳系神楽およびその師匠の神楽

神楽名	成立時期	所在地	師匠
二子町川端神楽	天保十四年（一八四九）	北上市二子	岳神楽又は川目神楽
稲荷神楽	弘化二年（一八四五）	旧石鳥谷北寺林	種森神楽
歌書神楽	嘉永五年（一八五三）	旧江刺市広瀬町歌書	土沢上町か
砂子神楽	嘉永五年	旧東和町砂子	丹内山神社神楽
社風長京神楽	安政三年（一八五六）	旧江刺市梁川	丹内山神社神楽
胡四王神楽	安政三年	花巻市矢沢	岳神楽か
高木岡神楽	元治元年（一八六四）	花巻市高木	幸田神楽
岳流学間沢神楽	慶応年間（一八六五〜六八）	旧江刺市米里学間沢	白土神楽
更木神楽	慶応三年（一八六七）	北上市更木	成田神楽

さらに、これらの神楽が所在する地域は、それぞれの師匠である神楽（第二期・第三期に成立した神楽）の所在地の近隣集落である。このことについて筆者の聞き取り調査によれば、これらの地域は婚姻関係などの、旧来地域同士での深い関わりをもっていることがわかった。事例をあげれば、第三期成立の旧東和町の白土神楽は、第四期成立の旧江刺市米里の岳流学間沢神楽の師であるが、この両方の地域は、以前より婚姻関係が多い土地柄であった。

このように神楽の伝播する地域やその経路についても、第三期と第四期とでは大きく異なる。第三期では、岳六坊の人々が廻村巡業により内川目から比較的近い地域へ、街道など平地つたいに移動して神楽を伝播していたが、第四期では第二期と第三期に成立した各地域の弟子からさらなる近隣集落に神楽が伝えられた。これにより、岳神楽がこれまで出向くことのなかった地域にまで、その流れを汲む神楽の成立をみることとなる。

（5）　第五期　近現代への移行期

①第五期の時代背景

第五期の初期には、明治以降の神仏分離令の影響を受ける時期であり、また現代へ以降する経過のなかで、芸能の自由化がみられる時期でもある。

明治三年、嶽妙泉寺は神仏分離令により廃寺となり、新山宮が郷社早池峰神社となる。第三十一世円能法印良識は、復職して大沢広と名乗り、早池峰神社神主となる。六坊の人々は帰農し、あるいは山仕事や登山の際の先達となり、宿を営み生活を支えていた。

森尻純夫氏は、前述のように昭和二年（一九二七）の早池峰山「御即位祈念登山者名簿」を取り上げて、当時は、岳集落の日向坊・民部坊・相模坊の三軒が宿坊を営んでおり、しかもその三坊はそれぞれ泊まり客の地域傾向をもっていたことを述べている。(31) これらの地域は、岳神楽の廻村の地域であり、神楽衆は毎年それぞれが決まった家に宿泊し、またその家のものが登山に来た際には、その神楽衆の家に泊まるという。互いに親戚関係のように付き合っていたことが、聞き取り調査からも判明している。

明治以降も六坊の人々は、早池峰神社の例祭時に神楽に携わった。また旧十一月から旧二月までおこなわれていた廻村巡業は、特に穀物を入手するための貴重な収入源の一つともなり、旧大迫町が材木景気により収入を得るようになる昭和のはじめ頃まで継続した。その後は短期間の巡業となり、昭和三年頃を最後に途絶えたといわれる。石鳩岡神楽の古老は、「米の配給が始まると、岳神楽は巡業には来なくなった」と記憶している。

その後、第二次世界大戦・太平洋戦争が始まり、岳神楽のみならず弟子神楽の衆も戦地に赴くようになり、各地域の神楽の継続が困難となってゆく。

②第五期の早池峰岳系神楽

第五期には、明治期十二団体・大正期三団体、昭和に入り戦前には二団体の早池峰岳系の神楽が成立している。このうち岳神楽の直弟子は、明治初期に成立の夏油神楽（北上市和賀町岩崎）と大正五年成立の早池峰岳流浮田神楽（旧東和町）の二つのみであり、それ以外は弟子神楽から伝播された神楽である。明治・大正時代には文字記録も増え、この時期に過去の時代まで遡って由緒を書き記した事例もいくつかある。したがって、師匠となった神楽衆の氏名なども明確になっている。第五期成立の神楽の成立年代と所在地および師匠となる神楽を図表20に掲載する。

明治元年（一八六八）に成立とされる夏油神楽についての詳しい来歴は不明であるが、岳神楽から伝承されたことが、神楽衆に伝えられている。

また、大正五年（一九一六）に成立した早池峰岳流浮田神楽（以下、浮田神楽）は、地域の幸神社に神楽を奉納するために、岳神楽の伊藤巳太郎氏から浮田の阿部藤蔵氏と佐々木忠孝氏に神楽を伝授された。浮田神楽の詳細については、第五章をご参照いただきたい。

なぜこの二つの神楽に岳神楽衆が直接神楽を教えたのかについて、夏油神楽と浮田神楽の保存会会長によれば、夏油神楽は「神楽をはじめた人が、山仕事で岳の人と一緒になったことで神楽を教わることができたと伝えられている」、また浮田神楽については「詳しいことはわからないが、佐々木忠孝氏が小山田（岳神楽の廻村巡業の中

図表20　第五期成立の早池峰岳系神楽およびその師匠の神楽

神楽名	成立時期	所在地	師匠
太田神楽	明治元年（一八六八）	花巻市太田	成田神楽
夏油神楽	明治初期	北上市和賀町	岳神楽
大瀬川神楽	明治三年（一八七〇）	旧石鳥谷町大瀬川	八幡神楽
中内神楽	明治十年（一八七七）	旧東和町中内	幸田神楽
浅井神楽	明治十九年（一八八六）	旧江刺市藤里	餅田神楽
田瀬神楽	明治二十年（一八八七）	旧東和町沼ノ沢	丹内山神社神楽
堰袋神楽	明治二十二年（一八八九）	花巻市堰袋	高木岡神楽
外山神楽	明治二十八年（一八九五）	遠野市小友	白土神楽
平倉神楽	明治三十四年（一九〇一）	遠野市上郷	塚沢神楽
下通り神楽	明治後期	花巻市下通り	幸田神楽
安野神楽	明治後期	花巻市安野	幸田神楽
高木小路神楽	明治後期	花巻市高木	胡四王神楽
早池峰岳流綾内神楽	大正四年（一九一五）	北上市口内	水押神楽
早池峰岳流学間沢神楽	大正四年	旧江刺市米里	白土神楽
早池峰岳流浮田神楽	大正五年（一九一六）	旧東和町浮田	岳神楽
金谷神楽	大正十一年（一九二二）	花巻市金谷	大畑神楽
北小山田神楽	大正後期	旧東和町北小山田	幸田神楽
内の目神楽	昭和八年（一九三三）	旧江刺市玉里	浅井神楽
中寺林神楽	昭和十一年（一九三六）	旧石鳥谷町中寺林	貴船神楽

心地域）から浮田に婿入りした縁で岳神楽を学ぶこととなったのではないか」とのことである。このことから、近代以降の岳神楽の直接的伝播は個人の結びつきにより神楽が伝授されていたことが考えられる。特に明治時代以降に多くの早池峰系神楽が成立しているのは、もちろん信仰の側面ももつのであろうが、近代化にともなう自由な気風のなかで娯楽性を含めた芸能として神楽が求められたのではないだろうか。

　第五期は、弟子から弟子へのさらなる伝播が特徴的である。詳細にみると、第一期成立の八幡神楽・第二期成立の丹内山神社神楽・水押神楽、第三期成立の貴船神楽・白土神楽・成田神楽、第四期成立の塚沢神楽など、すべての時期に成立した早池峰岳系神楽が、第五期にさらなる弟子をもつ。また次の第六期に成立する神楽群の師匠となる胡四王神楽と幸田神楽の弟子が成立し始めるのも、この第五期である。

このように、第四期より岳神楽の弟子からの伝播が始まり、それ以降は急激にしかも広範囲に早池峰岳系神楽が形成されていくのである。

しかしながら、こうして多くの弟子神楽の成立をみた早池峰岳系神楽も、その後の第二次世界大戦への経過のなかで、神楽を担う者の減少により継続が困難となっていく。

（6）　第六期　戦前〜戦後の神楽復興期

第六期は、戦後の神楽復興と行政の推進の時期であり、主として花巻市内に所在する伝早池峰系神楽である幸田神楽と胡四王の弟子神楽が成立する。

①第六期の時代背景

山林を多く所有する岩手県では、戦前から昭和二十年代にかけて材木景気に沸く。しかしながら昭和三十年代後半の林業経済の低迷により旧大迫町も不景気となるなかで、明治期以降山の仕事で生計を立てていた岳神楽の人々の生活にも影響を与えた。彼らは現金収入を得るために、花巻市などの近隣の町に仕事をもつようになる。弟子神楽においては、高度経済成長期を経てさらに農業の不振により、長男であっても出稼ぎや職業をもち兼業を余儀なくされていく。こうした社会的事情のなかで、それまでは長男だけの特権であった神楽も担い手が減り、戦後の復興をみた神楽も次第にその勢いは衰えていくのである。

②第六期成立の早池峰岳系神楽

第六期成立の神楽を、戦後と高度経済成長期以降に分けて見てみたい。

戦中、召集により男手を取られて、継続が困難となった芸能は多い。神楽も同様である。早池峰岳系神楽の多くが、一時的に神楽の中断を余儀なくされたが、辛うじて人数が少なくても可能な「権現舞」のみを継続し、地域の神社に奉納していた神楽もある。また、岳神楽特有の師弟関係により、神楽の危機を助け合って乗り越えた事例は多い。

戦後、復員してきた神楽衆に新たな若い神楽衆を加えて教育し、数年後に多くの神楽が再開した。昭和の神楽の全盛期は、この戦後から昭和三十年代までである。早池峰岳系神楽でこの時期に成立した神楽の多くは、花巻市の胡四王神楽を師匠とする弟子神楽である。第六期成立（戦後）の神楽の成立年代と所在地および師匠となる神楽を、図表21に記載する。

図表21　第六期成立（戦後）の早池峰岳系神楽およびその師匠の神楽

神楽名	成立時期	所在地	師匠
倉掛神楽	戦後	花巻市	胡四王神楽
下似田内神楽	戦後	花巻市宮野目	胡四王神楽
内高松神楽	戦後	花巻市矢沢	胡四王神楽
小船渡神楽	戦後	花巻市小船渡	胡四王神楽
胡四王婦人神楽	戦後	花巻市矢沢	胡四王神楽
岳流駒形神楽	昭和二十一年（一九四六）	旧東和町	岳神楽と石鳩岡神楽

胡四王神楽の弟子のうち、下似田内神楽・内高松神楽が元は幸田神楽の弟子である。戦後に幸田神楽の危機が一時的に訪れたことにより、師匠変えをして現在は胡四王神楽の弟子となる。この時師匠を務めたのは、

鎌田久一氏、中島徳夫氏らである。

また、戦後の復興をみた神楽も、高度経済成長期を経て次第に神楽を舞う場も減り、その勢いは衰えてゆく。神楽は現在、地域の神社の奉納神楽として存在するほか、各地域の観光資源として活用されるようになってはいるが、以前のような加持祈禱や棟上祭、結婚式などの日常生活のなかでの信仰を基盤とした神楽舞の場面は減少している。以前は毎晩、あるいは冬季間中おこなってきた神楽の練習も、専業農家であればこそ可能であったが、神楽衆が近郊の町の会社に勤めるようになると、それが難しくなる。と同時に、これまで多くの神楽が収入の一環としておこなっていた門付けなどの巡業も、神楽衆の時間を合わせることが難しくなり、縮小もしくは継続困難となっている事例も多い。社会状況の変化のなかで、神楽衆の生活形態も変わり、神楽のあり方がこれまでと異なってきている。

神楽も各地域の観光資源として活用されるようになっていく。昭和四十〜五十年頃には、地域活性のために行政が推進して祭りやイベントが盛んにおこなわれるようになる。この一環で、いくつかの地域で「権現舞」がおこなわれるようになる。この「権現舞」は、神社奉納の目的だけでなく、祭りの目玉の一つである「権現群舞」で披露された。この「権現群舞」に参加する目的で、いくつかの地域に神楽が結成された。昭和四十年以降に成立したこれらの神楽のほとんどは幸田神楽の弟子である。第六期成立（昭和四十〜五十年代）の神楽の成立年代と所在地および師匠となる神楽を図表22に記載する。

このように、第六期は多くの弟子神楽が成立するが、そのほとんどは幸田神楽と胡四王神楽の弟子神楽であり、いずれの弟子神楽の所在地も幸田神楽や胡四王神楽の所在する地域の近隣の集落である。前述の権現群舞のパレードでは、幸田神楽とその弟子、胡四王神楽とその弟子が、毎年ともに参加している。これが神楽同士の交流の

図表22　第六期成立(昭和四十年〜)の早池峰岳系神楽およびその師匠の神楽

神楽名	成立年代	所在地	師匠
石持神楽	昭和四十年(一九六五)	花巻市	下似田内神楽(胡四王系)
田力神楽	昭和四十八年(一九七三)	花巻市宮ノ目	幸田神楽
袰輪神楽	昭和五十年(一九七五)	花巻市	幸田神楽
平良木神楽	昭和五十一年(一九七六)	花巻市	幸田神楽
上駒板神楽	昭和五十一年	花巻市	幸田神楽

場ともなっている。

以上、神楽の成立を六期に分類し、その特徴について考察を入れながら述べてきた。各期の伝播状況を示した地図「早池峰岳神楽の伝播」を後掲する〔図表23〕。

三　早池峰岳神楽の伝播した理由

(一)　早池峰岳神楽が伝播した地域

まず、なぜこれらの地域に岳神楽が伝播したのかついて述べたい。

これまで述べてきたように、近世から現代において岳神楽が神楽を直接伝播した地域は、紫波町・旧石鳥谷町・旧花巻市・旧東和町・旧北上市・旧宮守村であり、特に紫波町・旧石鳥谷町・旧花巻市・旧東和町に集中している。つまり旧盛岡藩領の志和郡・稗貫郡・和賀郡である。これらの地域は、伊達藩との境界であり、交通の要所であり、さらには旧来の穀倉地帯でもあるため、盛岡藩にとって経済を支える要所でもあった。特に花巻は代官所が置かれるなど、盛岡南部氏の居城来不方城がある盛岡に継ぐ、重要な地域であった。これらの地域には、盛岡南部氏に厚遇された寺社が存在し、嶽妙泉寺の岳神楽をはじめ、それぞれに奉納する神楽が存在した。岳神楽の流れを汲む赤沢神楽の白山神社、八幡神楽の石鳥谷八幡宮なども盛岡南部氏より厚遇を受けていた。なぜ、これらの地域に神楽が伝播されたのか、その理由についてはいくつか考えられる。

図表23　早池峰岳神楽の伝播～伝播の核となる神楽の所在と伝播の状況～

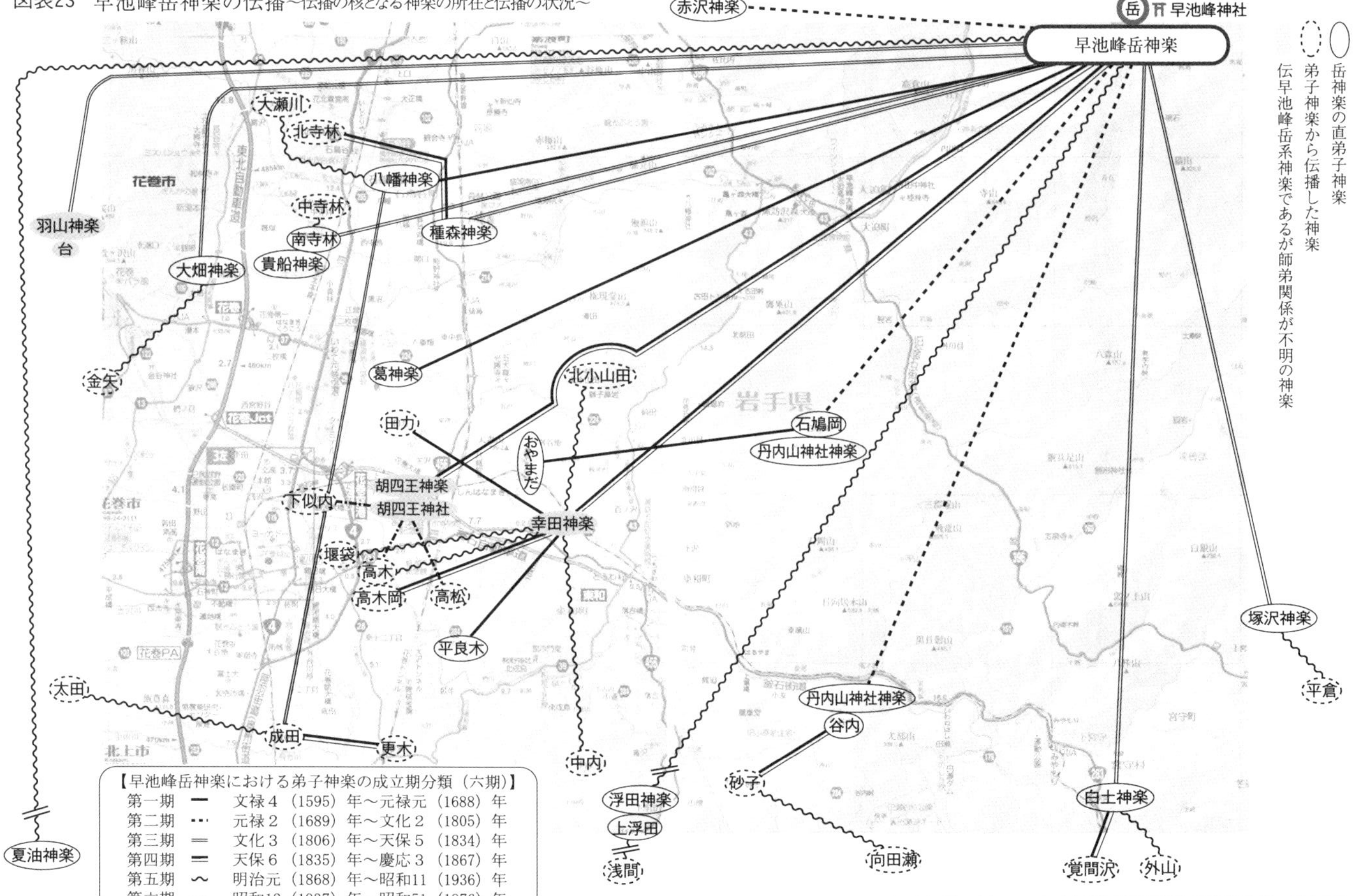

【早池峰岳神楽における弟子神楽の成立期分類（六期）】

第一期	━	文禄４（1595）年～元禄元（1688）年
第二期	･･･	元禄２（1689）年～文化２（1805）年
第三期	＝	文化３（1806）年～天保５（1834）年
第四期	≡	天保６（1835）年～慶応３（1867）年
第五期	∼	明治元（1868）年～昭和11（1936）年
第六期	━･･	昭和12（1937）年～昭和51（1976）年

※初期の伝播を図式化したもの。ただし後に師匠を変えるなどの事例はあり
※成立年代と師弟関係が確認できる神楽についてのみ掲載

1：100,000（『ライトマップル岩手県道路地図』2010年２版、昭文社）
作成者：中嶋 奈津子・佐々木 崇

①盛岡南部氏との関わり（十一面観音信仰と神楽）

前述のように、岳神楽の記録を残す最古のものは、文禄三年銘の十一面観音像と阿弥陀如来、そして虚空蔵菩薩である。これらは同じく文禄三年四月二十日銘の厨子に納められていた。次いで文禄四年銘の獅子頭権現が早池峰神社に納められている。それ以前の神楽の史料は見つかっていない。いずれも天正十八年に南部利直が和賀郡・稗貫郡・紫波郡を秀吉より拝領し、文禄二年に不来方に築城の許可を得てから、数年の間に制作されたものである。十一面観音は南部家の信仰であり、その後嶽妙泉寺が同じく十一面観音を祀る南部家筆頭永福寺の末寺とされていることなどから、早池峰山の祭祀権が、それまでの支配者であった稗貫氏の一門である田中一族から、盛岡南部氏支配の嶽妙泉寺に変わったことを示しているものと考えられている。神楽衆は厨子に十一面観音像を納め、獅子頭権現を奉じて南部氏公認の宗教者として廻村し、神楽をおこなったとも考えられている(32)。

ちなみに『赤沢の里物語(33)』には次の記載がある。

盛岡藩は紫波・稗貫・和賀の三郡に観音信仰を中心とする三十三箇所の霊場を設けた。一番は太田村清水寺の十一面観音で、稗貫郡から紫波郡、また稗貫郡に戻り、最後の三十三番は和賀郡鬼柳村の十一面観音（現在は聖観音）であった。赤沢では山屋の山寺の十一面観音が十二番（略）。

実際、岳神楽の直弟子はまさにこれらの地域に集中しており、同様十一面観音像を祭祀している御堂に神楽を奉納している地域もある。このことから、岳神楽の廻村巡業とその領域は、盛岡南部家とそれにまつわる十一面観音信仰と関係することが予測できる。神楽についての慶長期以前の史料がないために、岳神楽の廻村巡業がいつ頃から始まったものなのかは解明されていない。しかしながら、廻村巡業が始まったのはおそらく岳神楽が外の地域へ神楽を伝播するようになった元禄年間以降であり、さらに「廻り神楽」と称して定期的に決まった地域を巡業する形となったのは、積極的に弟子をもつようになった文化年間以降であると考える。

②水分神としての信仰圏（遥拝所・早池峰神の碑）

早池峰山は古来、周辺地域の人々に水分神として信仰されてきた。前述のように、岳川を源流とする稗貫川は、稗貫郡・和賀郡・などの周辺地域の大地を潤しており、これらの地域に岳神楽の弟子神楽が多く存在する。これらの地域のほとんどが、早池峰山を臨む地域である。このように早池峰山信仰圏に弟子神楽は存在する。

事例をあげるならば、花巻市に所在する金谷神社の金谷神楽である。金谷神社は、以前は旧村社早池峰神社であり、早池峰神瀬織津姫を祀るかつての早池峰山の遥拝所であった。神社にはそれを示すものが多く残されている。この地域からは、遠方に早池峰山が臨める。また神社境内など、地域の処々には「早池峰神」もしくは「早池峰山」と彫られた石碑がみられる。金谷神楽は、大正十一年（一九二二）に岳神楽の直弟子である大畑神楽から神楽を伝授されている。師匠の大畑神楽は、文政元年（一八一八）に、正月の門付けに廻ってきた岳神楽の人から神楽を習ったという伝承をもつ。途中、石鳩岡神楽からも太鼓の指導を受けている。この神楽は文政十三年（一八三〇）の「神楽掟書」や、明治二十三年（一八九〇）の「言い立て本」を所有している。

③「霞」として廻った地域

門屋光昭氏は「岩手の民俗芸能」のなかで、

山伏神楽の権現舞は、獅子舞には違いないが、獅子頭を神の使いの聖獣の獅子としてではなく、神が応現したものと考え、権現様と呼んでいる。この神の化身である権現様を奉じて、修験山伏集団が「カスミ」などの旦那場を廻村し、門ごとに権現舞を行い、また、神楽を演じていたのである。この山伏の廻村慣行は、早池峰神楽では、「通り神楽」「回り神楽」と称して、昭和初期まで行われた(34)と報告している。早池峰神楽の廻村巡業は、かつて稗貫郡・和賀郡・紫波郡まで二か月をかけておこなわれたという。筆者の調査では昭和三年頃までこの廻村巡業がおこなわれていたが、その当時は広範囲を廻ることはせずに、旧大迫町内を廻る状況であった。最後の巡業は平成二十年頃まで行われた白岩集落での門付けである。

文化九年（一八一二）に出された「獅子舞神楽一統御差留」に対する嘆願書として、内川目村大償大権現禰宜である久松らから大迫通り代官所へ提出した「乍恐奉願上事」には、文化年間の岳神楽と大償神楽の廻村巡業の地域を示す資料がある。これによると、

尤例年嶽神楽獅子舞と隔年ニ十一月より翌二月迄、御支配所之内、外川目村、内川目村、亀ヶ森村、大迫村、三御町並新堀村、八幡村、関口村、八重畑村、瀧田村、右御村嶽神楽と手分仕、祈禱神楽、門獅子ニて相廻り罷有候

とある(35)。これは大償神楽側の嘆願書であるために、旧東和町の小山田などの地名は見られないが、これらの多くの地域が直弟子神楽の所在する地域であることがわかる。また、森尻純夫氏は「弟子座の形成～地域の宗教感性と芸能への身体動機」（一九九〇年）のなかで、巡業域について地域の語り手からの採取を以下のようにまとめている(36)。

和賀郡小山田域…南川目　中川目　北川目　石鳩岡　他
紫波郡域…赤沢　他
稗 貫 郡…石鳥谷　八幡　他

花巻市域…北湯口　他

これらの地域は前述のように早池峰山信仰圏にあり、旧来講も多く存在している。廻村巡業は信仰のもとに支えられていた。また直弟子以降の神楽を考慮すると、岳神楽の流れを汲むと伝えられる神楽は、岳神楽の霞の範囲を越して、遠野市・旧胆沢郡まで広く分布している。廻村巡業のなかで地域との交流を通し弟子神楽が成立し、その後枝別れして広範囲にその流れを汲む神楽が広まっていったことがわかる。

（2）神楽の伝播の経路

第一期成立とされる八幡神楽（旧石鳥谷町）は、岳に出向いて神楽を伝授されたという伝承をもっており、修験が山中で修行をする際に神楽を学んだことも考えられる。

この時代にはすでに、大迫街道あるいは花巻街道と呼ばれる稗貫郡東部の古道があり、これを利用して内川目に出向いたことが推測される。

第二期は、岳の人々による峠を越えた他地域への伝播であったことがわかる。この時期に成立する弟子神楽は、岳集落の存在する内川目から峠一つで隣り合う地域の神楽である。内川目から拝み峠を越えると旧東和町の小山田へ行くことができ、そこには石鳩岡神楽を中心とした岳神楽の流れを汲む神楽が多く所在している。また、紫波町赤沢や旧石鳥谷町へ向かうには、折壁峠を越えると目的地へ行くことができる。

第三期は岳の人々の廻村巡業による、平地つたいの伝播であることがわかる。当時すでに整備されていた旧街道を利用していたことが想定される。この時代には、旧花巻市・旧石鳥谷町・旧東和町・旧宮守村と、内川目から比較的近い地域に神楽が伝えられている。また岳神楽の直弟子である八幡神楽から、一七〇〇年代に南部領となった鬼柳（現北上市）の成田に神楽が伝播されている。

第四期は、直弟子からのさらに広範囲な伝播となる。第二期と第三期に成立した直弟子神楽から、さらに神楽が伝播される場合には、平地つたいに、旧街道などを利用し、近隣集落へ伝播していることが神楽の名称からわかる。この時期にはこれまでの花巻市・旧東和町に加え、遠野市・藩境を越えた旧江刺市へ伝播する。

第五期と第六期は、主として花巻市・旧東和町・旧石鳥谷町内の弟子から、近隣集落への神楽の伝播となる。

このように、各時代により神楽の伝播経路にも特徴がみられる。

まとめ

これまで弟子神楽の成立を六期に分けて述べてきたが、改めて早池峰岳系神楽の成立過程を以下のように捉えたい。修験山伏が早池峰山に出向いて加持祈禱の一環として神楽を学んでいたと考えられる第一期、修験山伏から社家となった六坊の人々が、同じく社家身分の者や地域の有力者に神楽を伝える第二期、廻村巡業における地域との関わりのなかで弟子神楽をもつ第三期、直弟子から孫弟子へと神楽が伝わる第四期、近代に入り明治・大正・昭和と新しく自由な諸相のなかで、弟子からさらなる近隣集落の住民へと神楽伝わる第五期、戦争や高度経済成長期などの社会状況の変化のなかで、神楽の危機を乗り越えて神楽の成立をみる現在の第六期である。

また、神楽が伝播した時期と地域、そしてその伝播経路についてまとめると以下のようになる。六期の分類のうち、岳神楽との直接的な師弟関係が明確になっているのは、第二期〜第三期までに岳神楽から直接的に指導を受けた弟子神楽である。これらの神楽は、岳神楽が所在する旧大迫町の隣接地域（旧石鳥谷町・紫波町・旧東和町・花巻市・旧宮守村）に所在している。このうち第二期に成立した三つの神楽は、紫波町・旧東和町方面へ峠を一つ越して山つたいに伝播していったことが伝承からもわかる。第三期には、岳神楽の生活を守るための廻村巡業によって、内川目から比較的近い地域に、街道などの平地つたいに神楽は広まる。しかしながら第四期には、身分を復活された岳六坊の人々は廻村巡業を継続したが、弟子をもたなくなる。これ以降、岳神楽の直弟子の成立は、大正期成立の浮田神楽を含めて八十年間でわずか二つしかみられない。この間、早池峰岳系神楽はさらに岳神楽の弟子により、紫波町・旧東和町・遠野市・旧北上市・旧江刺市などの複数の地域に伝播されてゆく。第四期以降に神楽が広められた地域は、互いに婚姻関係などの交流の深い地域同士での伝播であった。

神楽が広く伝播し始める第三期以降の時代背景を考えると、早池峰山は当時も厚い信仰を受けており、このことは特に文政期（一八一八～三〇年）から天保期（一八三〇～四四年）に、数多くの早池峰神の石碑が信仰圏の各所に作られていることからもわかる。[37] 神楽も、豊穣や厄疫を払う祈りのもとにおこなわれていた。第三期において神楽を受け入れる側の地域では、六坊は宗教者として受け入れられていたと推測される。現代においても、神楽を受け入れている地域では、神楽衆を宗教者としてみなしている様子がうかがえる。人々は神楽衆の来訪を喜んだという。「神楽衆のたびを洗うとご利益があるなど、進んで身の回りの世話をした」、あるいは「安産を願って嫁の着物をもって行き、それを着て神楽を舞ってもらった」といった話が聞かれ、神楽を担う人々が特別な能力をもつと捉えられていたことがわかる。明らかに神楽の巡業は、早池峰山信仰に支えられたものであった。神楽を受け入れる側の地域については第五章を参照いただきたい。

また神楽を受け入れるにあたって、信仰はもちろんであるが、加えてそれ以外の要素もあることが考えられる。

一連の神楽の成立をみると、二期の赤沢神楽以外は、冷害による飢饉の時期には成立をみない。むしろ比較的社会状況が落ち着いているときに神楽は伝播されている。これについては、第四期も同様である。とすれば、苦しい生活のなかで豊作と厄疫を払うことを祈るのみでなく、あるいは娯楽としての要素を神楽に求めていたことも考えられる。

第五期の明治期以降に多くの神楽の成立がみられるのは、それまで宗教者によりおこなわれる芸能と捉えられていた神楽が、近代の自由な気風のなかで庶民に伝播されたものと考えられる。つまり、神楽がおこなわれる背景にはもちろん信仰が存在するが、社会状況の変化のなかで、その担い手にとっては経済活動として、受け入れ側にとっては娯楽性を有する芸能として、神楽のもつ性格が、変わってきているということになる。

以上の総括からも明らかなように、歴史的背景を丹念にたどると神楽が伝播するには、その時期それぞれの理由があったことがわかる。そして、神楽は闇雲に伝播し拡大していくわけでなく、その形態に秩序があることが解き明かされるのである。

岳神楽の場合も、本来は外へは伝えられないものであった。しかしながらその伝播は理由があっておこなわれた。弟子をもつことはその地域でも巡業がおこなえて、しかも上納米などの経済的メリットもあった。門付けで「権現舞」を舞うことで五升・「山の神舞」では米一升など、岳神楽が巡業で得る米は大変効率のよいものであった。六坊の人々が生活を維持するためには、弟子神楽をもち、巡業の地域を確保する必要があったのであろう。これらの巡業の地域には、水分神としての早池峰山信仰が浸透しており、講も多く存在している。昭和の初めまでおこなわれていたこの廻村巡業の原型は、第三期から始まったのではないだろうか。

岳神楽が弟子をもったのは、限定された期間であって、それ以降神楽の伝播は岳神楽の弟子によりおこなわれていく。では、弟子からの伝播はなぜおこなわれたのであろうか。一連の岳神楽の伝播の背景には、やはり早池峰山信仰が基盤となっていることから、弟子神楽にとっては、まず信仰のもとに地域の神社の奉納神楽をもつことを目的としたことが推定される。さらに自分たちの神楽を有すること、そして弟子をもつことにやはり経済的メリットがあったからである。調査のなかで、神楽衆から「昔、神楽の収入は、一年食べてゆけるほどであったそうだ」、あるいは地域住民から「神楽をおこなう家は裕福」との話を聞くことがある。このことは後に、弟子神楽においても神楽の家の長男に与えられた大きな特権となっていく様子がうかがえる。

さらに神楽は人々にとっての娯楽としての性格ももつようになる。岳神楽から弟子へ、そして直弟子からさらに孫弟子へと神楽が伝播していったその領域は、早池峰山信仰に基づいて、仙台藩領まで及んでいた。これにより早池峰岳系神楽は、最終的にはおよそ一〇〇団体はあると言われる大きな組織となってゆく。

筆者は第三章のなかで、岳神楽の弟子を総称して、「早池峰岳系神楽」と呼び、さらにそれには実際に岳神楽との交流を過去にもち、自ら師弟関係を認識し早池峰岳流を名乗る「早池峰岳流神楽」と、岳神楽の流れを汲んでいるという伝承をもつがその詳細は不明であり、岳神楽との交流は途絶えている神楽を「伝早池峰岳系神楽」と分類した。このなかの「伝早池峰岳系神楽」については、このように「弟子から孫弟子へ」という伝播のなかで形成された可能性があったのである。

本書においては、早池峰岳系神楽を組織として呼称してきた。その組織が岳神楽を担う人々や、嶽妙泉寺、もしくは時の支配者により意図的に形成されたものではなかったことを明らかにした。そして、祖である岳神楽でさえも認識することができなかったであろう、この大きな組織と師弟関係こそが、結果として神楽の盛衰を乗り越えて、多くの早池峰岳系神楽を現代まで守ることとなっていくのである。よって神楽を担う人々が、「自分たちの神楽は岳神楽の流れを汲んでいる」との共通の認識をもつ限りは、あえてこの神楽集団を「師弟関係に基づいた早池峰岳神楽組織」と考えたいのである。

ここで今一度、神楽を担う人々の視点から見た神楽の伝播について触れたい。

筆者は第四章で旧石鳥谷町の岳系神楽について、「神楽衆名簿」などの史料から、神楽の始祖として修験山伏の関わりが認められるものの、以降は集落の人々の手によって神楽がおこなわれた、あるいは修験の痕跡は見られず、最初から集落の人々が神楽の担い手となっていたであろうことが推測されるいくつかの事例について報告した。そしてそれは、旧花巻市や旧東和町にも共通することを述べた。

神楽の担い手については、親である岳神楽の六坊の人々は、はじめは修験山伏、のちに社人、そして公認の宗教的職能者と捉えられてきたが、岳神楽から伝播した神楽、つまり弟子神楽においてはそれを担う人々の構成がすべて修験山伏であったというのではなく、おそらく獅子頭権現を管理している一人の修験山伏の存在と、他は集落の人々により神楽衆が構成されていたものと考えられる。あるいは修験山伏は教義を教える立場にあり、実際に神楽を演じていたのは集落の人々であったという可能性もある。修験山伏は早池峰山信仰における教義を伝える役割を果たしていた。とすれば、神楽は岳神楽から教義をともない里の修験山伏に伝わり、それを修験が集落の人々に伝えることで神楽がおこなわれる。六期の分類のうち神楽の開始時に修験山伏の関わりを推測できるは、第一期と第三期と第四期である。また、開始時から地域住民により神楽が担われていたと推測できるのは、第三期と第四期以降である。とくに第四期は、六坊が嶽妙泉寺から切り離されて、生きるために廻村巡業を盛んにおこなうようになる時期なので、従来の格式をもった伝承とは形が異なり、直接地域の人々に神楽を伝えた可能性もあり得る。さらに第四期以降は弟子神楽から神楽が伝播していくわけであるが、修験山伏が関わる神楽と、関わりが見えない神楽が混在している。そして第五期も明治以降は修験道廃止にともない、神楽における修験の関わりが消えて、以降は集落の人々の手により神楽が伝承されてゆく。

神楽はもともと信仰と娯楽、そして経済的メリットなどの目的を合わせもっておこなわれてきたものであるが、時代背景や、そのとき誰に神楽が担われていたのかによって、神楽の目的のいずれかが強調される。年月が経過し、神楽が次第に宗教者を含まない地域の人々の手によりおこなわれるようになると、神楽のもつ信仰的な側面よりも経済的メリットや娯楽的意味合いが強調されて、神楽が伝わることも考えられる。また、信仰の側面が希薄になると地域の廻村巡業の受け入れも変わってくる。聞き取り調査をおこなうと、「門付けをおこなうと、地域の人たちに（金銭的な）負担をかけるから」や、「昔と違って、今はみんな（神楽の担い手）が、外に仕事をもっているから、何日も休んで門付けをすることが難しくなった」という理由で「門付けを縮小する」あるいは、「もうおこなわなくなった」という事例は多い。

現在においては、祭事すらもイベント化するなかで、上演を目的とした神楽が要請されることも多い。芸能＝上演という形式をとる状況下で、神楽を舞う空間や時間もそれに合わせておこなわれる。一つの演目の時間が短縮されると従来の舞をおこなうことができない。こうしたさまざまな制限が生じることにより、本来の神楽の芸態の変化が次第に起こることもありうる。このように、岳神楽の継承と伝播を考えるにあたり、その師弟関係という特徴と「神楽の担い手」という視点から「岳から神楽を伝えられたのは、誰なのか（修験山伏・社人・村人など）」あるいは「神楽の担い手となったのは誰か」、さらに、「村人に神楽を伝承するようになったのは、いつなのか」「神楽の担い手が代わることにより、神楽に及ぼす状況はなかったのか」を詳細に検証することは、時代ごとの神楽のもつ意義と状況を明確にするうえで重要であると考える。

早池峰神楽は、現代において、新しい段階を迎えている。平成二十二年（二〇一〇）に早池峰岳神楽と早池峰大償神楽がユネスコ無形文化遺産の登録を受けてから、師弟双方がこれまで以上に同じ流れを汲む神楽を意識し、互いの神楽の維持保存に力を入れている。それにはおそらく組織的に、「後継者」と「神楽を舞う場」を確保していくことが神楽の今後の課題となっていくであろう。筆者は本書において、早池峰岳神楽とその流れを汲む神楽を通して、過去から現代における神楽の継承と伝播の状況を考察してきたが、現代社会において早池峰岳神楽の組織構造が今後どのように機能し展開してゆくのか、継続して調査してゆくことを今後の課題としたい。

(1) 長澤壮平『早池峰岳神楽　舞の象徴と社会的実践』(岩田書院、二〇〇九年、二一〇頁)。
(2) 『大迫町史　教育・文化編』(一九八三年、一七六頁)。
(3) 盛岡藩が修験統制のために、地域に配置した筆頭修験。
(4) 『花巻市の郷土芸能』(花巻市教育委員会・花巻市郷土芸能保存協議会、一九八五年、一四頁)。
(5) 宍戸俊夫『幸田神楽本』(幸田神楽保存会、一九九五年、二頁)。
(6) 註(2)に同じ(二一七〜二一八頁)。『嶽妙泉寺文書』(二〇〇六年、花巻市教育委員会、八九頁)。
(7) 同右、一七五・一七六頁。
(8) 同右、九五頁。二一八頁。
(9) 同右、二一九頁。
(10) 同右、二一八頁参照。
(11) 南部利敬は中年より神道を好み、自ら京都白川流吉田二位の江戸出張所で学び、伝授されたという。また、城内に斎浄所を造営し毎朝祈禱し、神社社殿の修繕・再興も少なくないと伝えられる(菊池悟朗発行・編纂『南部氏要』一九六九年)。
(12) 菅原盛一郎『日本之芸能早池峰流山伏神楽』(東和町教育委員会、一九六九年、一九〇頁)。
(13) 赤沢の里物語編修委員会編『赤沢の里物語』(紫波町、一九九〇年)、および筆者調査による。

(14) 初代南部信直が白山社を参詣し、社殿および神楽殿を再興して以来、南部重直・南部行信により造営、再建がなされた。特に天明五年（一七八五）の大飢饉直後の翌天明六年正月に社殿が消失したことに対して同年十月に着手し、翌年三月に完成した。また南部利敬による寛政三年（一七九一）と文化二年（一八〇五）の修造、寛政八年の利敬による白地金襴二ツ鶴御紋付戸張奉納など、白山神社が庇護を受けていた様子がわかる。註(13)『赤沢の里物語』参照。

(15) 岩手県文化財愛護協会編『岩手の民俗芸能』（一九九〇年、三六頁）。

(16) 註(2)、九一頁。

(17) 同右、二七三～二七五頁。

(18) 『東和町史　上巻』（一九七四年、一一〇一頁）。

(19) 嶽妙泉寺と遠野嶽妙泉寺は、早池峰山の祭祀権をめぐり、以前より争論のあったことが伝えられている。

(20) 文化九年（一八一二）に、嶽妙泉寺住職の宥厳《ゆうげん》が菊の御紋の入った籠に乗ったことが問題となり、以降二十八代宥与《ゆうよ》の代まで隠居、あるいは蟄居の沙汰を盛岡藩より受ける結果となる。

(21) 註(6)『嶽早池峰文書』所収「御用留牒」、九五頁。

(22) 同右。

(23) 『山陰文書』所収「神楽一統御差留」（註(3)、二七三・二七四頁）。

(24) 註(6)『嶽妙泉寺文書』、一三頁。

(25) 註(18)、五六六頁。

(26) 神楽の来歴は、伝承と「神楽由来書」による。

(27) 『花巻市無形民俗文化財指定記念　羽山神楽』（羽山神楽保存会・後援会・羽山神社、一九九八年）。

(28) 神楽の来歴は、伝承と「神楽由来書」による。

(29) 註(6)『嶽妙泉寺文書』、三一〇・三一五・六二三～六二六・六三六～六四六頁。

(30) 註(6)『嶽妙泉寺文書』「天保六年古什物帳」六三六～四六頁。

(31) 森尻純夫「弟子座の形成～地域の宗教感性と芸能への身体動機」（『民俗芸能研究』第一一号、一九九〇年）。詳細については第五章で述べている。
(32) 註(2)に同じ、一〇一〜一〇二・一〇四・一六六〜一六七頁。
(33) 註(13)参照。
(34) 門屋光昭『淡路人形と岩手の芸能集団』(キリン書房、一九九〇年、一二五頁)。
(35) 註(2)、二七三頁。
(36) 註(31)、二九頁。
(37) 註(6)参照。

終　章　研究の成果と今後の課題

多くの民俗芸能が、後継者問題や諸事情で中断している今日、岳神楽は数百年もの間、ある一定の地域に居住する決まった家の人々の手によって継続されており、しかも百にのぼるという弟子神楽をもつ。このことに対する驚きと疑問からこの研究は始まった。なぜなら、一般的に神楽のような民俗芸能は門外不出が強調されて、外の地域へは伝承しにくいとこれまで捉えられてきたからである。しかも早池峰神楽は、師弟関係を明確にして神楽を伝承している。そこで本書の目的は、「なぜ、早池峰神楽は、師弟関係を強調して伝授されているのか」「これまでどのような継承と伝播を遂げてきたのか」そして「なぜ今日まで神楽を維持できたのか」という、そのメカニズムを明らかにすることにあった。

研究の対象を岳神楽と早池峰岳系神楽とし、研究の方法は、筆者がおこなった地域ごとの聞き取り調査の結果に加えて、各地に残されていた史料や先行研究をもとに、その継承と伝播のあり方を考察した。そして、本書においてその成果を六章にわたって述べてきた。

第一章では、早池峰神楽の先行研究を検討しながら、本研究の意義を述べた。これまでの早池峰神楽研究は、芸態論が中心であったが、近年には岳や大償の神楽が伝承される地域の地域性や、伝播に触れる研究が、わずかではあるが報告されていること、しかしながらその流れを汲む神楽については、ほとんど触れられていないことを示し、研究課題を明らかにした。

第二章では、先行研究の蓄積を踏まえて、早池峰神楽の概要を整理した。加えて岳集落の生活について、筆者の調査で得た内容を報告した。山伏神楽とも呼ばれるこの神楽は、初期には早池峰山の修験山伏によりおこなわれていた神楽であり、その名称は獅子頭の権現を奉じて舞う「権現舞」の芸態が、中世の山伏の加持祈禱の様相を残していることに由来するものであるとされることを記述した。そして、すでに享保年間（一七一六～三六）には、吉田神道に入門して社家となった嶽妙泉寺門前六坊の人々により神楽が守られていたことや、近代になると、帰農した六坊の子孫により神楽が継承されていたことを確認した。つまり、それぞれの時代によって神楽を担う人々の宗教的・社会的身分は変遷していることや、そのつど神楽を舞う目的が異なっていたことを指摘した。神楽は本来、信仰のもとに加持祈禱や豊穣を祈る舞としておこなわれてきたが、それに加えて神楽を担う人々の経済活動として、あるいは民衆の娯楽芸能としてなど、いくつかの目的をもっておこなわれてきたことを具体的に明らかにした。

また、古老の聞き取り調査により、早池峰岳系神楽を形成するきっかけとなる廻村巡業は、昭和三年頃まで旧東和町などの旧大迫町近郊の地域においておこなわれていたことを確認した。しかしながら実際には、これらの地域をはるかに越えた場所にもその流れを汲む神楽が存在していることが、これまで詳細には触れられることのなかった弟子神楽の名称から確認できた。このことから、岳神楽の伝播には廻村巡業以外の理由が存在したことがわかり、改めてなぜ神楽は広範囲に伝播したのか、そして弟子神楽について解明することが、本研究の課題の一つとなった。

第三章では、主として旧花巻市と旧東和町の早池峰岳系神楽の伝播形態を比較検討した。さらに第二章で課題となった「早池峰神楽における弟子神楽とはどのような存在なのか」について、岳神楽とその直弟子との師弟関係に着目して検討した。そのなかで、これまで一様に捉えられていた弟子神楽を二類型に分類し、それの定義付けをおこなった。

早池峰岳神楽の流れを汲む神楽を総称して「早池峰岳系神楽」とすると、第一類型は岳神楽の流れを汲むという伝承をもつが、その師弟関係の詳細は不明である「伝早池峰岳系神楽」であり、こちらの神楽群は岳神楽との現在の師弟関係はもたず、独立した活動をおこなっている。第二類型は、岳神楽との実際の師弟関係や過去の交流の痕跡を残し（あるいは現在も師弟関係をもち）、みずから早池峰岳流を名乗る「早池峰岳流神楽」である。

また、「弟子神楽」をあえて厳密に考えるならば、①過去に「権現舞」と「式舞」の両方の舞を師匠から伝授されていること、②師弟関係が明記されている「神楽伝授書」や、師匠ゆかりの「言い立て本」や神楽道具を現在も所有している、あるいは過去に所有していたこと、③伝承由来や過去の交流が明確であること、④相互に師弟関係を認めていることの四条件を満たす神楽が「弟子神楽」であると定義できよう。

第四章では、旧石鳥谷町の早池峰岳系神楽において各々に保存されている「神楽伝授書」や「神楽言い立て本（神楽本）」、「神楽由来書」、「神楽衆名簿」そして獅子頭の権現などの史料から、これまで口承伝承であった神楽の成立由来や、早池峰岳神楽との師弟関係の検証と分析をおこなった。その結果、それぞれの史料の有効性が明らかとなり、以下のことを指摘することができた。

まず「神楽衆名簿」を吟味すると、「神楽は決まった家の長男がおこなった」ことが事実であり、それは「神楽は農家の長男に与えられた特権であった」という伝承を証明するものとなった。

所有者の記名のある「神楽言い立て本」からは、神楽の成立時期を特定するのに重要史料となるだけではなく、その内容から当時舞われていた演目を知ることができた。加えて、神楽衆の人数の減少により演目数も減ることから、各時代の神楽の盛衰を「神楽言い立て本」によって示すことができた。さらには、獅子頭の権現の内部の記銘からも貴重な情報を得ることができた。

種森神楽の文政十二年（一八二九）銘の獅子頭の権現には、岳六坊の小国家と藤原家の先祖の記銘があり、岳神楽との師弟関係を明確にする史料となった。当時は、まだ六坊が嶽妙泉寺に復職できずに、盛んに門付けをおこなっていた時期である。「神楽由来書」は神楽同士の師弟関係や弟子の地域を明確にする性質を有しているため、互いの「霞」を守るための神楽同士の位置づけが明確にでき、あるいは早池峰神楽以外の神楽から「霞」を守るために作成したことも考えられる。

岳神楽の継承と伝播は、神楽成立からの経過が長いため、その特色である師弟構造についても、多くは伝承のみが残っており、「誰がなぜ、いつ岳神楽から、どのようにして教わったのか」については不明な点が多かった。まして、時間の経過にともない親神楽との交流も途絶え、神楽を取り巻く環境も変化すると、その由緒は次第に薄れてゆく。しかしながら、旧石鳥谷の早池峰岳系神楽においては、神楽に関する資料を多く残していたために、早池峰岳系神楽の特徴である師弟構造や神楽の伝播について、伝承と資料の両方から検証することができた。

第五章では、旧東和町の近現代の早池峰系神楽に焦点を当てて、当時の社会状況の変化を踏まえつつ、師匠と弟子の神楽がこれまでどのような相互関係をもち、神楽を維持してきたのか、岳神楽の弟子の事例をあげて考察した。その結果、継続できる神楽は親神楽との、特に戦中戦後の結びつきが強いこと、古老が健在であること、壮年層が神楽の中心であること、祭礼や輿行に親神楽とともに参加する機会をもつこと、後継者がある程度確保されていることなどの特徴が浮かび上がった。

その一方で、中断する神楽についても分析したところ、親神楽との関係が途絶えていること、他の保存会との交流がないこと、神楽を舞う機会が減少していることなどの特徴があることがわかった。

以上のことから、単体で神楽を維持することの難しさが明確となった。また、五百年以上続くといわれる岳神楽やその流れを汲む神楽群にも、もちろん神楽の盛衰はあり、一時中断や師匠を替える、あるいは「権現舞」のみの活動を継続するなどして神楽を維持してきたことが明らかとなった。

第六章では、第三章～第五章の調査内容を受けて、新たに作成した神楽の系譜図や年表を作成し、神楽を取り巻く歴史的背景と神楽の変遷、伝播の動向といった諸相を多面的に考察した。

岳神楽を担う人々の社会的身分の変遷と、弟子神楽の成立年代・所在地・神楽の伝承形態、つまり「いつ」「どこで」「どの師匠から」「誰に」「どのようにして神楽を伝承したのか」を視点として、さらに成立伝承と伝播経路を検討し、弟子神楽の形成を六期に分類した。これをもとに岳神楽の成立過程について論じた。

早池峰岳神楽の伝播は、はじめは山伏の加持祈禱の舞としておこなわれていたが、社会状況の変化にともなって、神楽は信仰をベースにしながらも、次第に神楽の担い手の生活を守るための経済活動としての意味合いをもっておこなわれるようになった。このように岳神楽の伝播の背景には早池峰山信仰がある。信仰の息づく地域が彼らを受け入れたからこそ、六坊の人々と神楽が生き残ることができたといえよう。しかしながら、それは限定された期間（第三期まで）であって、第四期以降岳神楽から直接的に伝わった弟子神楽は二つの事例しか見られなくなり、神楽は岳神楽の弟子により伝えられていたことがわかった。弟子からの神楽伝播の理由はおそらく、神楽を担う人々にとっては神楽をもつことの経済的メリット、そして受け入れる地域においてはもともと水分神としての早池峰山信仰が浸透していたことに加えて、娯楽としての芸能を求められるようになったことが考えられる。

このように、本来は信仰のもとにおこなわれていた神楽も、後の社会状況の変化にともなって「見せる神楽」として、その性格を変化させてきたことが推測できる。直弟子から孫弟子へと、さらに神楽が伝播していったその範囲は岳神楽の巡業地域をはるかに越えて藩境まで及び、第四期以降は、岳神楽の認識の及ぶ範囲を越えて伝播したことが考えられる。こうして、早池峰岳系神楽は、最終的にはおよそ百団体はあると言われるような大きな組織となり、神楽は舞う人も見る人もともに「楽しむ」娯楽性の強い民俗芸能に変化していったといえよう。

先にも述べたが、一般に神楽などの民俗芸能は門外不出であり、村の外へは伝播しにくい体質をもつというのが従来の説であり、早池峰神楽のように自他ともに認める師弟関係をもつ事例が珍しいのも、このあたりに理由があると思われる。しかしながら、「岳神楽を担う人々が嶽妙泉寺から切り離された際に、廻村巡業が生活を維持する上で必要となり、その経過の中で弟子神楽が成立していく」、あるいは「妙泉寺に復職することが許され、もはや新たに弟子をもつことをしなくなった」といった状況を鑑みると、本来は岳神楽も弟子をもつ体質ではなかった、つまり神楽はやはり外の地域へは伝播されないものであったことが推察される。やむを得ない事情により、また社会状況の変化によって生まれた師弟関係ではあるが、結果的にはこの師弟関係こそが、早池峰岳系神楽を現代まで継続させた要因なのである。各々の師弟構造により人手不足を補い、不足の舞を教え合い、戦中戦後や高度経済成長期における神楽存続の危機を乗り越えて神楽を維持できたことは事実である。祖である岳神楽でさえも把握することができなかったであろうこの大きな組織と師弟関係こそが、結果として数百年にわたる長い期間に形成された多くの早池峰岳系神楽を現代まで守ることとなったのである。

以上、本書は六つの章をもって岳神楽と多くの岳系神楽との相互関係を明らかにし、その師弟構造と継承と伝播について解き明かしてきた。

この岳神楽の事例を踏まえて、改めて民俗芸能の維持と伝承について考えてみたい。

現代社会における民俗芸能の維持にあたり筆者が特に重要と考えるのは、「同系統の民俗芸能同士の結びつき」、「それを支える地域力」、そして「民俗芸能を取り巻く外力」の三点である。「芸能同士の結びつき」については、岳神楽でいえば師弟関係、さらに現代においては保存会同士の交流があげられる。「民俗芸能を支える地域力」については、過去には氏子組織、現代においては後援会などがあげられる。「民俗芸能を取り巻く外力」については過去においては権力者による保護、現代においては行政による支援である。この「民俗芸能を取り巻く外力」については、これまでの民俗芸能研究ではあまり取り上げられていなかったが、これが民俗芸能の伝承に影響を与えていることは明確である。

昭和三十年代までは、棟上祭や厄払い・結婚式など、信仰をともなって神楽を舞う機会が日常生活のなかに多くあった。しかしながら現在は、そういった信仰や行事に対する人々の意識も希薄となり、神楽を舞う場は減る一方である。後継者の獲得と上演する場の確保は、民俗芸能の大きな課題の一つとなった。もし岳神楽組織のように芸能の担い手同士が強い結びつきをもち、地域でそれを支え、さらに行政の支援により上演する場所が多く提供できれば、これは神楽のみならず民俗芸能の維持において大きな後押しとなるであろう。

本書では早池峰岳神楽の継承と伝播について考察してきたのであるが、今回の調査研究で得たことを、一つの結果として完結させることなく、今後の民俗芸能の維持に役立てたいと考える。それには、岳神楽とともに、早池峰神楽のもう一つの一翼をになう大償神楽の形成と現代における構造についても、さらなる調査と分析を今後の課題にすることを決意している。また、本書で触れた神楽が、早池峰岳系神楽のすべてではないことも忘れてはならないと思っている。実際には所在を特定できない、あるいは休止しているなどで調査がかなわず、本論で触れることのできなかった早池峰岳系神楽も多くある。これらの神楽についての継続した調査も今後の課題とすることを約束しておくことにしたい。

あとがき

本書は平成二十三年度に提出した博士論文「早池峰神楽の継承と伝播」（主査八木透・副査植村善博・鈴木文子の各教授）に加筆修正を施したものです。

本書の作成にあたり、佛教大学大学院文学研究科日本史学専攻の先生方には、丁寧なご指導を賜り心より感謝申し上げます。とくに指導教官である八木透先生には、まったくの素人であった学部時代から、日本民俗に触れる多くのチャンスを与えていただき、博士論文および本書の完成までの長い期間、寛容に見守り御指導くださいました。八木先生の民俗学に対する熱意ある姿に、学ばせていただきました。また本書出版に際しましては、大学院主任の今堀太逸教授より常に有益なご助言をいただきました。

今日まで育てていただき、さらには佛教大学研究叢書としての出版という貴重な機会を与えてくださった佛教大学に、深く謝意を表します。

また、職業を持ちながら地元でひとり研究を進める私に多くの示唆を与えてくださいましたのは、盛岡大学文学部教授の大石泰夫先生です。早池峰神楽のみならず、日本の民俗芸能の考え方、捉え方など、民俗芸能研究を進めるうえで重要なことをご指導いただき、お陰で早池峰神楽をより大きな視点で捉えることができました。先生との出会いによって県内外の民俗芸能に触れる機会にも多く恵まれ、地域に息づく芸能について掘りさげてみたいと強く感じました。

日本宗教民俗文化史総合研究会の大森惠子先生は、私が民俗学を志すきっかけを作ってくださいました。

一学生としてスクーリングで受講した日から現在に至るまで、さまざまな日本文化を学ぶ機会をいただき、本書の作成についても多くの貴重なアドバイスを頂戴いたしました。

そして、敬和学園大学人文学部教授の神田より子先生からは、国内のさまざまな神楽の現状について、さらに私の今後の課題についても、ご教授いただきました。岩手古文書学会会長の森ノブ先生は、古文書が思うように読めない私を導いてくださり、精神的にも常に母親のように、支えてくださいました。

そしてなにより、神楽を担う皆様のご協力無しには、本書の完成をみることはできませんでした。

早池峰岳神楽会長の小国朋身様、文子様、早池峰大償神楽前会長の佐々木裕様、敏江様、大償神楽佐々木隆様には、十年にも及ぶ調査の間、いつも快くご協力いただき、かつ常に温かく接してくださいました。それが大きな心の支えとなり、迷いつつも一歩一歩、前へ進むことができました。加えて岳神楽の神楽衆の皆様、大償神楽の神楽衆の皆様、調査にご協力くださいましたすべての神楽団体の皆様にも、深く感謝申し上げます。学位を取得いたしました折に、神楽衆の皆様が一緒に喜んでくださいましたこと、生涯心に刻みたいと思います。これからも皆様と御神楽のことを、広くお伝えしてゆくことをお約束いたします。

勇壮で美しい早池峰神楽をはじめて拝見しましたのは平成十三年十二月、雪に閉ざされた岳集落、そして大償集落においてでした。あまりにも幻想的なその情景を忘れることができず、いつしか岳と大償の二つの神楽の記録を残し、系譜を作成したいと願うようになりました。私にかかった「魔法」は、十年経った今も解けずにいます。そして、むしろこれまで注目されることがなくても神楽を守り続けてこられた担い手の方々や地域の方々にこそ、御自身の神楽の由来やその深い価値を再認識していただくことが、今後の神楽の維持・継承に結び付くのではないかと考えました。そのことに研究者としての使命を感じて、神楽調査の決意をした次第です。

研究をはじめた当初はとりわけ多難でしたが、そのとき助けてくださったのは、旧大迫町役場（現花巻市大迫支所）の中村良幸様と、アサヒプロダクツの阿部武司様でした。中村様は県内の神楽の詳細まで把握しておられ、私が調査対象とすべき神楽団体を明確にしてくださいました。またこれまでの行政と神楽の関わりについて教えてくださったことで、現代の早池峰神楽像を捉えることができました。阿部様は県内外の民俗芸能に精通され、いつも的確なご助言と私が研究をすすめるうえで必要かつ貴重な神楽の情報を提供してくださいました。おかげさまで、まだどこにも取り上げられていない、山村の神楽にも調査に入ることができました。

さらには、本書作成においてたくさんの貴重な写真を提供してくださった佐々木秀勝様、そして資料作成において御助力と、良きアドバイスを賜りました佐々木崇様、心強い協力者であったこのお二人にも深く感謝いたします。

本書の出版にあたりましては、思文閣出版に大変お世話になりました。この日を無事に迎えられましたのは、慣れない作業に戸惑う私に、最後まで笑顔で根気強く向き合ってくださった、担当の大地亜希子様のお陰と存じております。

いつも温かいエールを送って下さった佛教大学鷹陵同窓会会長加澤昌人様、そしてともに学び、ことあるごとに私を支え励ましてくださった小畑朋子様、大場寛子様、古谷留美様、村田典生様、堀岡喜美子様、田中夕子様、米田幸寿様、浜田昭子様、福田恵子様、森本裕恵様にも、心よりの感謝を申し上げます。

最後に、働きながら京都の大学に通うことも、大学院に入って研究を続けたいと言い出したときも、そして本書の研究叢書としての出版が決まったときにも、何も言わずに応援し続けてくれた夫に、この場をお借りして「ありがとう」と伝えたいと思います。

本書は決して一人の力で作成したのではなく、お世話になりました皆様のお力を得て完成させることができました。皆様には言葉にならないほどのご恩をいただきました。御一人、御一人に心より感謝いたしますとともに、今後も残された課題に取り組み、さらなる研鑽を積んで参りたいと決意しております。

中嶋奈津子

平成二十四年十二月

初出一覧

序　章　書き下ろし

第一章　書き下ろし

第二章　書き下ろし

第三章　早池峰神楽における「弟子神楽」——旧花巻市と旧東和町からみる弟子神楽の条件——
『日本民俗学』第二六六号　日本民俗学会　二〇一一年

第四章　早池峰神楽における「神楽由来書」と「言い立て本」
『京都民俗』第二八号　京都民俗学会　二〇一一年

第五章　早池峰神楽の継承と伝播——東和町における弟子神楽の変遷——
『民俗芸能研究』第四五号　民俗芸能学会　二〇〇八年

第六章　書き下ろし

終　章　書き下ろし

『佛教大学研究叢書』の刊行にあたって

二十一世紀をむかえ、高等教育をめぐる課題は様々な様相を呈してきています。科学技術の急速な発展は、社会のグローバル化、情報化を著しく促進し、日本全体が知的基盤の確立に大きく動き出しています。高等教育機関である大学も、その使命を明確に社会に発信していくことが重要な課題となってきています。

本学では、こうした状況や課題に対処すべく、先に「佛教大学学術振興資金」を制度化し、教育研究の内容・成果を公表する体制を整備してきました。その一部はすでに大学院、学部の研究紀要の発行などに実を結び、また、通信教育課程においては鷹陵文化叢書、教育学叢書、社会福祉学叢書等を逐次刊行し、研究業績のみならず教育内容の公開にまで踏み出しています。今回の『佛教大学研究叢書』の刊行はこの制度化によるもう一つの成果であり、今後の本学の研究を支える根幹として位置づけられるものと確信しております。

研究者の多年にわたる研究の成果は、研究者個人の功績であることは勿論ですが、同時に、本学の貴重な知的財産としてこれを蓄積し、活用していく必要があります。したがって、それはまた特定の研究領域にのみ還元されるものでもありません。社会への発信が「知」の連鎖反応を呼び起こし、延いては冒頭にも述べた二十一世紀の知的基盤社会を豊かに発展させることに、大きく貢献するはずです。本学の『佛教大学研究叢書』がその貢献の柱になることを、切に願ってやみません。

二〇〇七年三月

佛教大学長　福原隆善

◎著書略歴◎

中嶋奈津子（なかしま・なつこ）

1965年　岩手県盛岡市生
2012年　佛教大学大学院文学研究科博士後期課程
(通信教育課程)修了博士(文学)

佛教大学研究叢書18

早池峰《はやちね》岳《たけ》神楽《かぐら》の継承《けいしょう》と伝播《でんぱ》

2013(平成25)年2月25日発行

定価：本体4,600円(税別)

著　者　中嶋奈津子
発行者　佛教大学長　山極伸之
発行所　佛教大学
〒603-8301 京都市北区紫野北花ノ坊町96
電話 075-491-2141(代表)
印　刷
製　本　株式会社　思文閣出版
〒605-0089 京都市東山区元町355
電話 075-751-1781(代表)

印　刷
製　本　株式会社 図書印刷 同朋舎

 ISBN978-4-7842-1676-5　C3039

神楽名索引

あ行

(早池峰岳流)赤沢神楽　紫波郡紫波町赤沢……113,116,174,192
明戸神楽　花巻市石鳥谷町新堀明戸……123
浅井神楽　奥州市江刺区藤里……15
(早池峰岳流)綾内神楽　北上市口内町……97,146
砂子神楽　花巻市東和町砂子……93,95,154
(早池峰岳流)石鳩岡神楽　花巻市東和町小山田石鳩岡
……23,93,95,96,97,121,143,144,165,172,174,176,197
(北寺)稲荷神楽　花巻市石鳥谷町北寺林……110,124,130
(早池峰岳流)浮田神楽　花巻市東和町上浮田……92,93,95,97,143,150,187
歌書神楽　奥州市江刺区広瀬……185
内高松神楽　花巻市矢澤高松……190
内ノ目神楽　奥州市江刺区玉里……17
江繋神楽　盛岡市川井……22
円万寺神楽　花巻市膝立……22,84,100,106
大瀬川神楽　花巻市石鳥谷町大瀬川……110,111,116,120,130
太田神楽(宮古路神楽)　花巻市太田……77,111,168
(早池峰)大償神楽　花巻市大迫町内川目……3,18,20,23,61,196
大畑神楽　花巻市大畑……78,180,181,195
大出(早池峰)神楽　遠野市附馬牛町上附馬牛大出……38

か行

(早池峰岳流)学間沢神楽(米里神楽)　奥州市江刺区米里……154,185
金谷神楽　花巻市(湯本)金谷……77,78,195
上駒板神楽　花巻市高松……77,168
北小山田神楽　花巻市東和町北小山田……77
北湯口神楽　花巻市(湯本)北湯口……78
(早池峰岳流)貴船神楽(南寺林神楽)　花巻市石鳥谷町南寺林
……110,118～120,122,128～132,135,179,181,183,188
葛神楽　花巻市葛……77,99,117,170,172,174

黒森神楽　宮古市黒森……21
夏油神楽　北上市和賀……97,146,187
幸田神楽　花巻市幸田……77,78,99,133,168,171,181,189,190,191
胡四王神楽（矢沢神楽）　花巻市矢沢……77,78,99,101,133,168,171,184,190,191
古舘神楽　花巻市古舘……85
小船渡神楽　花巻市小舟渡……77
（早池峰岳流）駒形神楽　花巻市東和町南川目……93

さ行

更木神楽（西田神楽）　北上市更木……111,116,165
下通り神楽（地乃神神楽）　花巻市高木下通……85
下似内神楽　花巻市宮ノ目下似内……77
（早池峰岳流）白土神楽　花巻市東和町田瀬白土……93,95,153,154,180,185,188
堰袋神楽　花巻市高木堰袋……77,84,85,87
千刈田神楽　花巻市石鳥谷町新堀……112
外山神楽　遠野市小友……154

た行

高木岡神楽　花巻市高木……77,84,86
高木小路神楽　花巻市高木……84
（早池峰）岳神楽　花巻市大迫町内川目
……3～6,15,18,20,23,38,44,57,63,66,192,194,197,198,207,209,211～213
田瀬神楽（沼ノ沢神楽）　花巻市東和町田瀬小倉……93,153
田力神楽　花巻市宮ノ目田力……77
田中（神社）神楽　花巻市大迫町内川目……38
（早池峰岳流）種森神楽　花巻市石鳥谷町新堀
……110,113,123,124,126,128～130,132,133,135,181,210
丹内山神社神楽　花巻市東和町谷内……93,95,154,155,174～176,188
塚沢神楽　遠野市下宮守塚沢……146,165,181,184,188
槻之木神楽　花巻市矢沢……77
砥森神楽　花巻市東和町田瀬……112,153,154

な行

（早池峰岳流）中内神楽　花巻市東和町中内……93
中寺林神楽　花巻市石鳥谷町中寺林……120,130,168
成田神楽　北上市成田……111,116,130,183,188
成島神楽　花巻市東和町成島……17

は行

(早池峰岳流)八幡神楽　花巻市石鳥谷町八幡
……110,127,129,132～135,165,170,172,183,188,192,197
羽山神楽　花巻市湯本台……77,99,101,133,180,182
晴山神楽　花巻市東和町東晴山……158
平倉神楽　遠野市上郷……97,146
平良木神楽　花巻市高松……77,168
二子町川端神楽　北上市二子……185
袰輪神楽　花巻市高松袰輪……77

ま行

水押神楽　北上市口内……146,188

や行

安野神楽　花巻市安野……15
八日市場神楽　花巻市東和町土沢……93